学习评估教师手册

课程、教学、学习整合策略研究

[美] 克里斯托弗・R. 加赖斯
莱斯莉・W. 格兰特 著
张晓涛 主编 荣 榕 译

Routledge
Taylor & Francis Group
江苏凤凰教育出版社
Phoenix Education Publishing, Ltd

图书在版编目（CIP）数据

学习评估教师手册：课程、教学、学习整合策略研究 /（美）克里斯托弗·R. 加赖斯著；荣榕译. —南京：江苏凤凰教育出版社，2017. 4

ISBN 978-7-5499-6372-0

Ⅰ. ①学…　Ⅱ. ①克… ②荣…　Ⅲ. ①教学评估—研究　Ⅳ. ①G420

中国版本图书馆 CIP 数据核字（2017）第 074661 号

学习评估教师手册

评估不仅是评价学生学习质量的手段，也是促进学生学习的方法。这本畅销书可以帮助您在课堂教学过程中，合理地设计和使用包括考试、小测验、论文和评分量表在内的评估手段，以达到“以评促学”的目的。

本书包括了以下几个方面的内容：

◆ 确保评估公平、可靠、有效；

◆ 设计符合相应认知需求的评估测试；

◆ 设计选择反应式题型，以及机考趋势点评；

◆ 设计建构反应式题型，以及评分标准（例如评分量表）的制定；

◆ 分析考试成绩并进行更有效的反馈。

作为第二版，本书根据美国《共同核心州立标准》更新了案例，增添了最新的、更适合教师进行课堂评估实践的策略。本书适用于各个年级，为各个教学科目提供最实用及有效的评估设计方法。

克里斯托弗·R. 加赖斯（Christopher R. Gareis）是威廉玛丽学院的教育领导学副教授，教育学博士，十多年来一直担任学校教师培训中心副主任一职，参与了各地教学区的课堂测验设计、评估监管、教学指导、策略制定以及教师评价等方面的工作。

莱斯莉·W. 格兰特（Leslie W. Grant）博士是威廉玛丽学院的教

育领导学助理教授、教学负责人、教学内容编辑，某大型出版社的题库编写专家，参与了各地教学区的教学决策制定、课堂测验设计指导，以及教师培训等方面的工作。

目录

图表列表

序　言

早在 60 多年前，教育界领军人物拉尔夫 · W. 泰勒（Ralph W. Tyler）便提出，在教书育人之前，我们都应思考两个基本问题：首先，“我希望我的学生学到什么?”其次，“我可以用什么来证明学生的学习效果呢?”按照泰勒（1949）的观点来看，这两个问题是教学与学习的基石，无论处于哪个年级、哪个水平，都应深刻思考。

通过这两个问题，泰勒进一步强调了教与学之间的本质联系。学习可以在没有教学的情况下进行，但教学始终无法脱离学习。在泰勒看来，有些教师嘴边经常挂着“我教了，可他们就是不学”之类的怨言，就如同销售员说“我卖给他们，可他们就是不买”一样，荒谬可笑。教学绝非单枪匹马之事。哪怕准备了详尽的课程指南、教科书、课程计划，无学，教又何以存在呢? 因此，教与学，不可分割。

近年来，教育界就泰勒提出的第一个“学什么”的问题，大力实施教学改革，并取得了一定成绩。在 21 世纪初期，美国北部大部分的州省地区便已开始致力于设置课程标准，确立了语言艺术与数学的共同核心标准，并在这几年覆盖了整个美国。类似的标准还有很多，不同科目、不同地区，旨在明确和规划学习内容，以制定更为详细、科学的教学计划。

然而，就泰勒的第二个问题“我可以用什么来证明学生的学习效果呢?”却鲜见成果。如何培养教师以最有效的方式在学生学习过程中收集证据，教育界在此方面所做的工作进展缓慢。

一些研究调查发现，如今大部分教师都缺乏有关评估的知识和技能。尽管学者对造成这一现象的原因众说纷纭，但是对于教师欠缺评估能力这一事实却无可否认。教育界从上至下都在呼吁提高教职员工的评估技能，以更合理的方式来判断学生学习的进展程度。这种技能表现为：教师设计的评估能够准确衡量学生对具体某一学习目标的达成情况；教师能够根据评估结果，对学生的学习成果做出准确、有效的判断；教师能够通过评估来发现学生在学习中出现的不足与问题；最重要的是，教师能够根据评估结果，设计教学活动来有效地帮助学生提高学习能力。

在培养教师评估能力这一方面，本书的两位作者是成功的。他们从实践入手，详细讲解了在建构高质量的评估时所需要的具体步骤和方法。他们提供的方法清晰明了，通俗易懂，让读者可以亲自尝试和体验。评估本是一项艰难而庞大的工程，对于这一点，两位作者在书中采取了诚实的态度。他们从不回避评估在设计和使用中的种种挑战，而是将这些困难和挑战在读者面前一一展现，对其进行分析讨论，最后提供一些可行的解决办法供读者参考。

正如泰勒所说，要实现高效的教学，必须首先清楚地了解学生的学习情况。而高质量的评估正是推动教与学最有效的途径，这样的评估提供了有意义的反馈结果，帮助学生在学习过程中做到取长补短。本书提供的评估知识和操作方法可以帮助教师在提升学生学习能力方面大有作为，而本书的读者也会受益匪浅。

托马斯·R. 古斯基（Thomas R. Guskey）

肯塔基大学

参考文献

Tyler, R. W. (1949). *Basic principles of curriculum and instruction*. Chicago, IL: University of Chicago Press.

致 谢

作为一个研究项目，本书的完成离不开众人的帮助。书中提出的知识和理念，乃至写作方式都受益于他人的建议，无法在此一一感谢。首先，我们谨向培育我们的所有老师——从幼儿园到大学——的辛勤劳动致以最诚挚的谢意：一路走来，是你们引导着我们进行反思、研究和写作。此外，这本书还得到了众多老师和学校领导的大力帮助，这些同事和朋友让我们看到了教学的真谛，希望本书没有辜负这一真谛。

我们还要感谢帮助过我们的学生，尤其是许多威廉玛丽学院在读的本科生和研究生。他们中一些是胸怀抱负的在读师范类学生；另一些已是工作在教育一线的经验丰富的老师，正在为成为各个学校和教学区负责人做准备。他们才华横溢，尽心尽责。感谢他们在本书撰写过程中提供的大力帮助。他们对本书的研究和撰写提出了宝贵的意见和建议，让作者受益匪浅。其中，要特别感谢以下六位同学：林赛·卡卡瓦莱、卡伦·卡格尔、纳特·利奇、凯蒂·穆尔、查利·施雷克和安·文森。他们同时也是优秀的教师，参与了本书第二章“教师互动”环节的撰写。另外，感谢琳达·弗尔德斯坦、玛丽·沃塞和利娅·夏伊·威尔逊这三位优秀的研究生为本书提供的校对、反馈及观点。

还须感谢与我们共事的众多老师和领导。他们有的来自我们的家乡弗吉尼亚州以及美国其他州，还有的来自中国、新加坡和南非等国家。通过共同讨论，我们得以对专著不断进行修改和完善，做到与当下课堂教学密切结合，让理论概念实用可行。本书新版的诞生，得到了他们的大力支持，再次谨致谢意。

我们还要特别感谢两位老师给予本书第一版的莫大帮助：詹姆斯·斯特朗、鲍勃·西克尔斯。詹姆斯是世界知名学者和演说家，他鼓励我们撰写本书，并对我们的写作事业给予了极大的支持。可以说，詹姆斯早于我们之前，便已预见本书的诞生。如果说詹姆斯提出了写书的想法，那么鲍勃·西克尔斯则是让本书面世的幕后功臣。鲍勃是一位谦和、有学识的出版商，在他的帮助下，我们成功出版了第一版。此外，我们还要感谢 Routledge 出版社对本书新版的认可。感谢编辑劳伦·戴维斯审读本书的文稿，对各章节的概念、写作和出品提出了宝贵意见，并做出了精辟的点评。感谢托马斯·古斯基为本书撰写序言，这是我们的荣幸。除此之外，我们还要感谢托马斯多年来为教育事业无私的付出和巨大的贡献。

最后要感谢我们的家人。莱斯莉要感谢她的丈夫艾伦还有儿子马修一直以来给予她的支持和关爱。克里斯托弗要感谢他的妻子莫莉还有他们的孩子：汉斯、伊莎贝尔、安妮瑞安，感谢他们的存在和陪伴。克里斯托弗同样感谢一直做他的坚强后盾的父母和兄弟姐妹们。

第一章
为何要评估学生的学习?

教学、学习与评估

何谓“教学”?

作为教师,我们时常使用这个词;然而,该如何定义它?不妨花点时间思考一下这个问题。你的解释很可能包含了另一个词——“学习”。教与学不可分离,没有学习的教学是不完整的。俗话说:“如果一棵树在森林里倒下时无人在场,我们还能声称这棵树倒下时发出了声音吗?”我们教育工作者可以提出相似的问题:无法使学生进行学习的课堂教学还能称得上教学吗?这个问题帮助我们清晰地认识到:教与学是不可分割的。

学习带来改变。它所改变的,也许是我们早已知晓的、力所能及的、坚信不疑的,或是我们认为重要的。因此,在思考如何界定“教学”的同时,也应该考虑教学带来的成效以及产生这些成效的教学方法。牢记这一点,我们便可将“教学”视为一种由某一个体通过有目的地设计和实施不同的活动,导致另一个体在知识、技能以及(或者)兴趣上发生改变的过程。值得注意的是,这个定义并没有假设学生是一块可由教师任意书写的白板;相反,我们将学习视为个体主动创造意义的行为。具体来讲,我们将“学习”看作是学生个体在知识、技能以及(或者)兴趣方面所发生的相对稳定的改变过程,而促成这些改变的,包括教师的介入,以及学生在课上或课下参与到一定的事件和活动中而获得的亲身体验。所以，如果要实现教学的完整性，就必须确保学生在此过程中具有学习行为。

评估与学习

教学与学习之间的关联性看上去可能还算明显，但学习的迹象却比较模糊。譬如，一个蹒跚学步的孩子，其学习迹象显而易见：我们能够看见走路这一行为，由此得知他/她已学会。已经掌握的肢体行为是可视的，所有肢体技能都是如此。但是，教师为学生安排的学习目标并非肢体运动，而是在本质上与大脑认知有关。换言之，课堂上很多教与学的行为是“隐藏”于人的大脑之中，并非像幼儿学步那样清晰可见。

如果教与学不可分割，那么我们不得不提出这样的问题：教师如何得知学生学到了什么呢？我们需要一些方法来“看见”学习过程。

学生学习行为的可视化是由评估来实现的。与教学相似，评估与学习同样具有内部关联性。我们将“评估”定义为通过一定的工具和技巧来收集有关学习信息的过程。换言之，评估是教师看见学生学习的途径。

评估与教学：“电灯泡”现象

教师们一般会用“电灯泡”这个熟悉的图像来比喻教学中最有价值的那一刻，也许你自己就用过这个表达。设想你正在给学生讲解一个复杂的概念，脑子里想着用某种方式来做阐释，可嘴巴上说出来的却是另一种。你帮助学生努力去弄懂概念，再让他们试着去应用。然后，一两个学生的面部表情开始出现一种若隐若现的变化。通过鼓励和反馈，你继续引导他们思考。最后，一个学生终于叫起来：“我懂了！”而另一个学生的眼睛也似乎在说：“原来是这样！”此刻，“电灯泡”亮了。就这样，一个接着一个，学生们都理解了这个概念。而作为教师的你，凭借他们的面部表情、肢体语言和一些零零碎碎的回复，推测着学生对这个概念的理解进度。换句话说，你在课堂中发掘并关注学生们学习的种种迹象，你就在进行评估。

对于教师，至少是那些真正优秀的教师来说，职业成就感不仅来自教学本身，还有学生们在学习上取得的进步。正是这种为他人带来积极变化的愿望驱使着他们不断前行，以建设性的方式挖掘每个学生的潜力，帮助他们成长、发展、进步。教学旨在传送知识、开发技能、培养情操：无论是教1年级小学生阅读，或是帮助一个中学生处理个人烦恼的同时还教他函数，又或是培养一名高中生对历史的兴趣，教学无时无刻不在传授知识和赋予能力。正是秉承着推动学习的理念，教师才能有效地开展教学（Stronge，2007）。由此可见，教学与学习的核心就在于教师是否能够觉察出学生正在进行学习，而正式或非正式的评估则是教师用于辨识学习进程的最佳途径。因此，评估与教学密不可分。

课程、教学指导……及评估

在学校这样的正规教育环境下，教学与学习由两个关键部分组成：课程与教学指导。课程包括了一系列为学生量身定做的预期学习效果（Johnson，1965）。简单来说，“课程”就是为学生安排的，包括知识、技能及相关价值体系在内的学习内容。

而教学指导是我们执行课程的方式方法。在“教学指导”中，教师结合自身的教学经验和临场发挥，帮助学生达成预期计划的学习效果。对教师而言，课程和教学指导可以简单看作教与学。

但是，课堂中的教与学仅含有课程和教学指导是远远不够的。除了要知道教什么和如何教之外，教师必须还要能够识别学生在教学过程中的学习特征以及程度。图 1.1 用了一个简单的视觉比喻——高脚凳，标示出了这三者之间的关系。

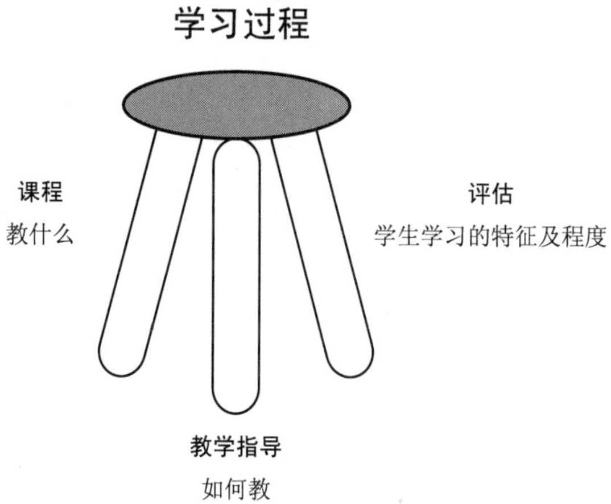

图 1.1　课程、教学指导、评估三位一体模型

该图形所展示的课程、教学指导与评估三者之间的关系恰恰体现了教与学的不可分离性。教学和学习之间并不是线形的因果关系，“教”不会直接导致“学”；相反，教与学相辅相成。教学是一个循环的过程：教师需要对学生的学习程度做出正确判断，包括他们学到的和没学到的，并根据这些判断去合理安排教学内容和方式，这就要求教师在教学过程中不断地收集与学习进程相关的信息。由此可见，评估对于教学而言不可缺少，尤其在为课程和教学指导做计划时。

高效教学最为重要的基础之一在于认识课程、教学指导、评估三者之间的三位一体性（Marzano，2003；Stronge，2007）。然而，评估这一环节却时常在课堂教学中被无意地低估。让我们看看图1.2，这些都是教师们提出的有关评估的错误认识。

◆“我让学生考试是因为我要给他们分数。”
◆“测试是一个必要的恶魔：我讨厌让学生做测试，学生也讨厌测试。”
◆“评估跟教学和学习一点关系都没有。”
◆“标准化的评估仅仅考查学生的记忆力，所以我只教他们如何死记硬背。”
◆“我的测试题全部出自教科书上的试题库，它们绝对的有效和可靠。”
◆“我已经不再自己出试题了，因为现在所有的测试都要按照全国基准测试制定。”

图 1.2　教师们的声音：有关评估的常见误解

这些误解让我们看到，课程、教学指导、评估之间看似直观的三位一体性（见图 1.1）也会因为教师缺乏对评估重要性的清晰认识而显得模糊不清。缺乏评估的教学仅仅考虑了课程和教学指导这两个输入环节。评估的目的在于了解学生的学习过程，没有评估的教学仅仅包含教师和他们的主观判断，缺少了对学生和他们学习进程的考虑。正如图 1.3 所示，缺失评估的教学就如同缺了一条腿的高脚凳——没有了对学习特征和程度的评定。

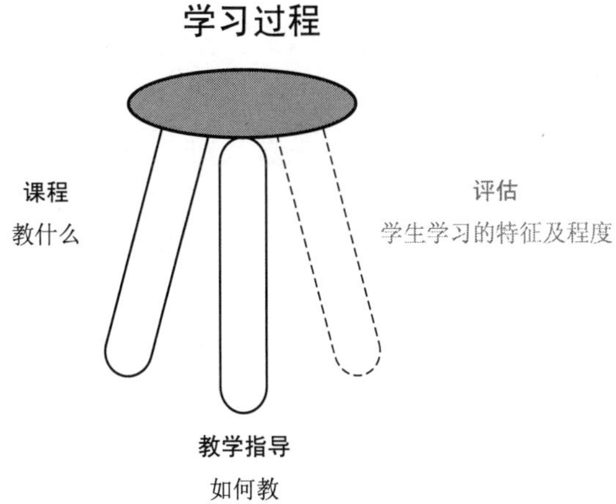

图 1.3　缺失评估的教与学

我们并不是在指责教师失职。作为教师队伍中的成员，我们发现大多数的课堂中，评估活动并非用于正确地判断学生的学习程度，而是用来判断如何正确地设计和使用评估方法。事实上，此书正是为了这一目的而编写：通过建立对评估基本原则和技巧的正确理解，帮助教师设计和使用高质量的评估方法。

评估在课堂教学中的作用

一堂课中，评估在不同的教学时段有着不同的功能，大致可分为以下三类：

1.“课前评估”是指教学活动开展前所进行的评估。
2.“形成性评估”是指针对整合了教学的学习活动所进行的评估。
3.“总结性评估”是指在某一阶段的学习终结时所进行的评估。

为了更清晰地了解以上三种评估之间存在的关联和差异，图 1.4 以并列的形式，分别从评估目的、评估时段、评估内容和评估手段等方面对三种评估进行了比较。

值得注意的是，尽管这个表格能起一定的区分作用，但对它的理解不应过分刻板。不同类型的评估时常会在每日的课堂教学中重叠。譬如，一位教 7 年级遗传学的教师也许会采用差异性对比活动来开始一堂探究型科学课，引导学生去观察和比较三叶草和四叶草之间的异同。在此过程中，学生会采取各种方式进行观察，而教师同时会以某种非正式的方式来评估他们的假设能力（Joyce，Weil，& Calhoun，2015；Dean，Hubbell，Pitler，& Stone，2012）。这一案例中，差异性对比活动既起到了课前评估的作用，同时因提供了教学指引而具备形成性评估的特征。

再举个例子：10 年级英语课的课程论文。正如其名，这很显然是对学生在一个学期所学知识和技能的全方位考核，因此属于总结性评估，

	课前评估	形成性评估	总结性评估
评估时段	教学指导开始前	教学指导期间	教学指导结束后
评估目的	●了解学生已掌握的知识和技能，以便开展教学指导 ●掌握学生的基本能力水平，以便了解其进步程度 ●激发学生对以往学习经历的记忆	●制定学期教学安排 ●向学生提供诚实、及时、具体、准确及带有建设性的学习反馈 ●培养学生自我评价和自主学习的能力	●针对学习特征与程度进行评估 ●向课堂外的他人展示本堂课的学习特征与程度 ●为长期的课程制定、教学安排和评估设计提供有效的数据参考
评估范围	根据评估目的，可分为具体和综合两个范围	具体评估针对零散知识或某一套技能	综合评估针对某一教学时段内所授的知识和（或）技能
评估后果	高风险——用于教职员工的人事安排 低风险——用于教学活动设计	低风险——往往与每日的教学与学习活动安排有关	高风险——用于教职员工的人事安排、学生的课外补习辅导、荣誉奖励等
评估使用者	教师	教师和学生	教师、学生、第三方（如家长、行政人员及教育顾问）
评估手段	●课前小测验 ●采访 ●课堂讨论 ●头脑风暴活动 ●回顾以往累计的测评结果	●观察学生面部表情、肢体语言及发言 ●举手行为、大拇指向上或下竖立、个人白板、课堂小结卡、个人反馈系统等 ●课堂引导练习 ●纸笔小测验	●纸笔测试、小测验、作文、课程论文 ●项目制作、课堂展示及表演、观察清单完成情况、其他原创方式 ●标准化测试

图 1.4 课堂上三种评估的功能比较

在期末测评中占有举足轻重的位置。众所周知，做研究写论文十分耗时。在此过程中，学生会在不同阶段与教师来回交换意见，包括确立主题、开展研究、构建论点，接下来还有论文的起草、撰写和校对。这些阶段，教师都给予大量的监督、引导、反馈，还穿插着学生所要完成和提交的各类阶段性报告。此类种种教与学的活动均在考查学生的学习程度，以及帮助他们提高研究能力。因此，一份 10 年级英语课的课程论文同时扮演着形成性评估和总结性评估两种角色。

从以上两个案例可以看出，三种评估之间存在一种更为实际的关联方式，正如图 1.5 所示。在这个模型里，评估可看作一个连续体，三者之间的区分变得模糊。实际上，我们认为所有的课堂评估最终都是为了使学生能够更好地学习，因此它们在本质上都是形成性评估。

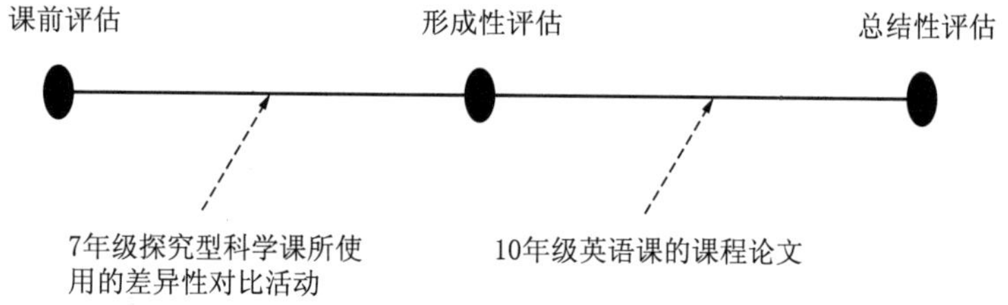

图 1.5　课堂评估连续体

评估的重要性：提升学习

到目前为止，我们已经了解了评估的功能；然而，课堂评估对教学和学习带来的具体影响尚未明确。评估可以提升学生的学习水平吗？近几年的研究给予了肯定的答复。下面我们来看看这些研究发现。

◆ 改善后的形成性评估可以将学生的学习水平提升一到两个等级（评估改革小组［Assessment Reform Group］，1999）。

◆ 统计显示，与其他方式相比，教师对反馈的使用可以大幅度地促进学生的学习（Hattie，2009）。

◆ 教师如何在课堂上概念化和直观化评估可以直接影响到学生的学习过程和投入程度（McMillan，2013）。

以上研究发现显示，评估既是衡量学生学习程度的标尺，同时也是促进其学习的动力。然而，这些研究实际上有些过时了。可以说，评估与教学基本是同时出现的。早在几千年前，苏格拉底的“最佳教学方法”（*modus docendi*）就涉及了向学生提问这一环节。现今所谓的苏格拉底式教学模式在本质上即是指教师采用提问的方式，了解学生的学习程度并引导其进行学习，最终帮助他们形成独立思考的能力。换句话说，苏格拉底模式就是通过评估开展的教学。

评估与绩效责任运动

古希腊广场一角的圣殿台阶上，苏格拉底与他的学生一问一答地交流着，尽显祥和。不幸的是，在大多数教师看来，今日的课堂情景可能并非如此（MetLife，2013）。在现代公共政策领域，文教行业不断受到绩效责任运动的强烈冲击。教育界的绩效责任制可以追溯至 1983 年。当时，美国教育委员会公开发表了一份名为《危机中的国家》（*A Nation At Risk*）的报告。报告指出，美国现存的公立学校显现“平庸之态”，且愈发恶化（美国国家优质教育委员会［National Commission on Excellence in Education］，1983，p. 5）。自教育家霍勒斯·曼（Horace Mann）于 19 世纪建立公立学校教育体系以来，美国学校便以满足真实、迫切的社会需求为准，响应来自国民、商界和政界要人们的号召。然而，在《危机中的国家》中，联邦政府首次向全国的公立学校提出要求：学校应该提供能够带来学术成果甚至社会成就的教育。

于是，在 1983 年到 2002 年期间，联邦政府联合各州州长致力于教育改革，不断将教育标准及绩效责任评估体系清晰化，以致 2002 年通过并在全国范围推广《有教无类法》（*No Child Left Behind*；NCLB）（Manna，2006）。该法案面向全体在校学生，不分种族、性别、经济背景、英语语言能力或是否残疾，并强制要求学校确保学生每年的考试分数达到一定的进步标准，在离开高中时能为升学或就业做好准备。

短短几年后，联邦政府又实施了“力争上游”教学改革计划（Race to the Top；RTTT）以扩大绩效责任制的影响（新闻秘书办公室［Office of the Press Secretary］，2009）。在此计划的激励下，美国各州陆续建立起能在全国范围内通用的大学与职业生涯准备度标准（《共同核心州立标准》［the Common Core State Standards］），同时根据学生学习进步程度的增值模型（value-added models；VAM）制定了适用于教师和校长的绩效评价体系。每年，由大学与职业生涯准备度评价联盟（Partnership for Assessment of Readiness for College and Careers PARCC）和智能平衡评估联盟（Smarter Balanced Assessment Consortium；SBAC）所开发的标准化测试在每所学校交换使用，而学生的进步程度则是通过这些测试的结果来体现。

作为联邦政府制定的教育政策，《有教无类法》与“力争上游”教学改革计划有许多相对价值，同时也存在不少错误的假设。但是，本书的目的并不是要参与这场辩论，而是要指出这场浩荡的教学改革运动对课堂评估产生了一定的影响。简而言之，政策制定了一套完整的国家测试标准，并根据学生进步程度开发了学校和教职工评价体系，标准化了课堂评估模式。这些综合起来，凸显了评估本身的价值——评估成为教学和学习之外的第三种元素，有别于教与学，同时与二者并存于课堂之中。所以，尽管前文对教与学价值的探讨使我们认识到，评估、教、学是不可分割的；然而，政府推行的绩效评估系统却改变了教师对评估的看法：评估是政府对学生的监控，以此类推也成为对教师的监控。可以说，现今大多数教师对评估都持消极态度。

教师们的这种态度是可以理解的，毕竟教学改革实行至今已经产生了一系列不利影响，标准化的评估模式使每位学生、教师、校长，以及全国的每个区域和州都面临一定风险。图 1.6 总结了一些高风险标准化测试带来的负面后果。

不良后果	说明
测试缺乏效度：评估学生学习时，容易导致片面、错误的推测。	并非所有的标准都能采用标准化测试进行评估。因此，根据标准化测试结果推断学生所学知识和技能时，结论会有误（Popham，2005）。考虑以下案例： ◆ 学生自主设计和开展一项科学实验。 ◆ 学生通过研究，针对某历史事件撰写了一份基于史实的诠释。 ◆ 学生在演讲中提出一个极具说服力的论点，并对其进行成功辩护。 毫无疑问，以上这些学习成果显示了人类最高级别的认知行为，具有一定的复杂性，而现今我们拥有的标准化测试根本无法就这些技能进行考核（Wagner，2008）。如果不采用这些方法，试问还有老师愿意对学生的科学、历史或者语言学习情况下定论吗？应该寥寥无几。因此，标准化测试结果反映出来的教学成果具有不全面性。
使课程内容变得狭隘	基于以上所述，有些知识与技能是无法通过高风险标准化测试进行评估的，这会导致测试范围的缩小，从而使教师们将教学重心仅仅聚焦于那些可以进行评估的标准，忽视那些无法被评估的。然而，后者往往是最重要的。教学过程过分强调测试标准只会增加课程内容的广度，而不是学生对知识本身的理解的深度（Clarke，Shore，Rhoades，Abrams，Miao，& Li，2003）。更糟糕的是有些重要的课程内容（教师）根本就不教（Wagner，2008）。一些教师甚至声称，与教授一些考试不涉及的知识相比，加强对考试内容的教学更好。毕竟，考试范畴之外的科目并不会影响这些教师的教学评估。在一些案例中，一些学校和区域甚至将与考试无关的科目一并取消，例如艺术和音乐。
使教学方式受到压制	无论对错，许多教师都将标准化测试视为对知识的记忆和理解的考试。当他们的教学评估与学生考试成绩挂钩时，教师们会更趋向于教授考试所需的内容，并放弃对教学方式进行创新（Nichols & Berliner，2005）。一些教师为了达到高风险测试的要求，甚至采用了一系列错误的教学手段，例如使用备考题库、照本宣科和要求学生死记硬背等等（Kozol，2005）。
测试缺乏信度：评估学生学习时，容易产生不可信的推测结果	国家制定的标准化测试旨在以最为客观的方式对全国千千万万的学生进行统一测试，并以最快速度将成绩向国家及地区有关机构汇报。一般来说，一个科目的高风险测试包含了25～50道单项选择题，这种考核的可靠性（即测试结果在多大程度上与学生的学习情况相关）因此会受到一定的限制。首先，一套测试题的题目有限。例如，4年级的数学考试包括30道题，其中每一至两道题目涉及一个知识点。每当学生仅凭运气答错或答对其中一道时，便会产生有关这位学生学习情况的错误评估。其次，标准化测试属于短时间内的单次测量，并未就学习情况的一致性在日后进行反复评估。因此，一旦学生因某种原因（生病、失恋或其他原因）而在一次考试中失利，我们很难从这样的成绩正确了解这位学生的学习情况或程度。

续 表

不良后果	说明
使某些人作弊	风险越高就意味着失败的可能性越大。因此，一份测试对日后的收入或者工作影响越大，越是容易造成考试作弊。美国几家主要报业联合开展的一份粗略调查揭露了这个让人痛心的事实： ◆ 美国 5 个州的校长及教师们因协助学生考试舞弊而辞职（Magnuson，2000）。 ◆ 美国针对教师协助作弊进行全面调查（Axtman，2005）。 ◆ 一位考试中心负责人被指控私自改动和填补答题卷（Burney，2007）。 ◆ 一位考试负责人为提高本州的考试成绩而操控入学率，最终被判监禁（Zubrycki，2012）。 ◆ 在一所大规模的城市教学区内，多达 130 名教育者因被揭发作弊、损害公共档案及伪造本州考试相关资料而被判纪律处分（Maxwell，2014）。 值得一提的是，以上案例中的作弊行为大多情况下会有多人参与共谋，并且手段成熟专业。这些人不惜一切，采取不正当手段伪造窜改，重者甚至犯下刑事罪行。这些都为高风险测试所致。

图 1.6　高风险标准化测试中的潜在风险

毫无疑问，这些潜在风险都是由美国教育制度引起的，但这并不意味着应该把标准化测试彻底废除，或是大规模地摧毁教学改革制度。如果监管和执行得当，标准化测试可以清晰地说明学生、学校以及学校所在区域所取得的成绩是否达到合理的预期效果，从而为政府和研究机构提供宝贵的数据。目前，通过一些实例我们可以看见高风险评估的良性效果，例如课程内容的扩充，跨学科的知识整合，以及强调以学生为中心的协作式教学（Au，2007）。因此我们呼吁，就标准化测试而言，无论是政策的制定还是执行，都需要根据专业知识和专业评估进行实质性的修改。

实际上，本书正是为热衷教育事业的在校教师提供有关评估的专业知识，使他们成为课堂评估的最佳创造者和标准化测试的最佳受益者。下面，我们通过图表来了解课堂评估和标准化评估分别是如何帮助我们了解学生的学习过程的。图 1.7 以并列形式，展示了两种评估起到的积极作用及两者之间的互补关系。

标准化评估能够提供……	课堂评估能够提供……
标准化的条件，以至于可以实现学生、学校、区域，甚至州际之间的比较	考虑到学生特征及课堂或学校等教育环境因素的定制式或独特的评估方式
年度评估信息，为下一年的教学趋势提供一定参考	及时的评估信息，针对学生就某一知识点的学习情况或学习目标的完成程度提供参考
与国家课程标准一致的评估有效性	与课堂教学一致的评估有效性，强调了学生的课堂所学，而不是应付考试的学习
评估可靠性。为了消除无效或错误的评估结果，标准化评估往往要在高控条件下执行，同时需要评分客观，并以系统性审查为基准	真实性。课堂评估时常以针对知识和技能掌握程度的作业形式展开，常见类型包括写作、论文、设计、小组合作、实验、演示和课堂表现
总结性评估，为一年或以上时间内学生所掌握的综合性知识体系以及（或者）技能提供参考	形成性评估，可以就学生学习情况提供及时、具体、富有建设性的反馈，并且便于教师为日后教学做出合理计划
高风险评估信息，可以用于了解全校、区域乃至全国范围内的学习特征及教育程度	（相对而言的）低风险评估信息，可以将学习特征与程度及时地反馈给学生、家长、教师以及其他教育工作者

图 1.7　标准化评估与课堂评估功能对比

值得一提的是，图 1.7 清晰展示了标准化评估和课堂评估的优点，而两者同时也存在缺陷。实际上，教师在制定教学计划时，单靠两种评估方式的任何一种，都无法对学生的学习情况做出正确和可靠的评估。我们必须再一次强调，教师应充分了解并能娴熟使用这两种评估方式。

评估是教育者的专业技能

毋庸置疑，评估在教育中所扮演的角色日益突显。因此，教师们的当务之急便是对标准化评估和课堂评估进行全面正确的了解和充分的应用（Guskey，2003；Guskey & Jung，2013）。教师向来熟悉课程和教学指导，现在也应同时精通评估。我们强烈呼吁将评估视为教师应具备的职业技能之一，并通过教师资格评定制度的方式得到锻炼和发展。教育界也有专家提出了相同的观点。从图 1.8 我们可以了解到，一些州的教师资格评定制度已将评估列为必备职业技能之一。

重申一下，全国 50 个州均就评估对教师许可证考核做出要求，而图 1.8 列举的仅是一些随机样本。另外，一些州还将评估能力通过工作职责进行细化，引导教师们在真实课堂教学中进行实践操作。

图 1.8 看似将评估这项复杂的专业技能过分简化，实际上，评估要求教师具备一套完善的核心知识技能体系。我们将其称为“评估能力”——教师能够创建和使用有效度和信度的评估，并根据评估结果进行合理分析，和学生就学习情况进行沟通和积极引导的能力。具体而言，评估能力在本质上要求教师具备以下能力：

◆ 针对预期学习目标具有清晰计划，并能对其进行明确阐述和细化；

◆ 能够清晰认识并重视评估的目的及其多样化的形式；

◆ 确保使用的评估工具和技巧覆盖所学知识以及相关的认知能力；

◆ 确保评估结果所反映的预期学习目标之间保持平衡，且具有代表性；

◆ 能够合理开发和使用结合了选择反应式和建构反应式两种题型的评估方式；

◆ 确保评估不会过度受到系统性误差和随机误差的牵制；

◆ 能够合理使用形成性评估方式及反馈来推动学生学习；

◆ 能够将评估结果及时与他人交流，以便优化教学和课程安排。

所属州	教师许可证规章制度节选
亚拉巴马州①	积极参与总结性评估的开发与完善，以便明确学生所学知识技能和及时对其学习需求进行积极回应。
佛罗里达州②	通过对多样化评估的结果进行反复分析，正确判断学生的学习需求并将其体现于课堂教学，使学生得到进步和发展。这便是高效教育工作者应具备的能力。
佐治亚州③	能够掌握及使用一系列正式和非正式评估方法对学生学习进行评价，并确保其学习的连续性。
密苏里州④	能够掌握及使用形成性和总结性方式对学习程度进行评估，并能根据评估结果制定后续的教学计划，观察学生学习情况及设计能助其进步和发展的教学方法。
新墨西哥州⑤	能够有效地使用评估工具和程序……（一）能够使用多样化评估工具和策略；（二）能够使用总结性和形成性评估工具对教学进行修正和计划；（三）能够对学生学习程度进行记录和维护；（四）能够将评估结果及时与学生及其家人进行交流。

① 亚拉巴马州教育部（Alabama Department of Education）的“教育亚拉巴马”/“引领亚拉巴马”项目（EDUCATE Alabama/LEAD Alabama）.（无出版时间）.《亚拉巴马州教师持续发展计划》（*Alabama Continuum for Teacher Development*）. 引于 http://alex.state.al.us/leadership/Alabama%20Continuum%20for%20Teacher%20Development.pdf.

② 佛罗里达州教育部（Florida Department of Education）.（2011）.《教育者实践能力要求》（*The Educator Accomplished Practices*）. 引于 https://www.flrules.org/gateway/ruleNo.asp?id=6A-5.065.

③ 佐治亚州系统性教师教育计划（Georgia Systemic Teacher Education Program）.（无出版时间）.《佐治亚州系统性教师教育计划指导原则》（*GSTEP Framework Guiding Principles*）. 引于 http://www.coe.uga.edu/gstep/documents/index.html.

④ 密苏里州中小学教育部（Missouri Department of Elementary and Secondary Education）.（2013）.《密苏里州模范教师和领导职业标准》（*Missouri Model Teacher and Leader Standards*）. 引于 http://dese.mo.gov/eq/documents/StandardsInformationDocument.pdf.

⑤ “教育新墨西哥州”项目（Teach New Mexico）.（无出版时间）.《新墨西哥州教师能力要求》（*NM Teacher Competencies*）. 引于 http://teachnm.org/experienced-teachers/nm-teacher-competencies.html.

续 表

所属州	教师许可证规章制度节选
俄克拉何马州①	能够掌握及使用多样化的评估策略对教学和学习进行合理评估，并对教学或学习过程进行必要的调整，以确保学生在知识学习、社会实践和体能锻炼方面得到持久发展。
罗得岛州②	为确保因材施教，能够针对学生个体或团体合理使用正式与非正式评估策略，及时为教学提供反馈，确定学生的学习重点并为未来的教学制定计划。
佛蒙特州③	能够掌握及使用多种评估手段来监控学习进度及提高学生学习自觉性，以便优化与教学和学习有关的决策制定。
威斯康星州④	能够掌握及使用正式和非正式评估策略对教学和学习进行合理评估，以确保学生在知识学习、社会实践和体能锻炼方面得到持久发展。

图 1.8 各州教师资格评定对评估能力的要求样例

以上为评估能力所涉及的关键知识和技巧，也是本书重点所在。希望教育工作者能够通过对这些核心知识与技能的学习，增强评估能力，提高教学质量。值得一提的是，这一能力同时也包含其他相关技能（Kahl，Hofman，& Bryant，2013）。如果将以上关键技能置于同心圆的中心部位，那么围绕在外的一圈则是教师或校长在教学工作中所

① 俄克拉何马州教师培养委员会（Oklahoma Commission for Teacher Preparation）.（无出版时间）.《教师教学执照一般能力要求》（*General Competencies for Licensure*）. 引于 http://www.octp.org/general_competencies_for_licensure.html.

② 罗得岛州中小学教育委员会（Rhode Island Board of Regents for Elementary and Secondary Education）.（2007）.《罗得岛州教师专业标准》（*Rhode Island Professional Teaching Standards*）. 引于 https://www.ride.ri.gov/Portals/0/Uploads/Documents/Teachers-and-Administrators-Excellent-Educators/Educator-Certification/Cert-main-page/RIPTS-with-preamble.pdf.

③ 佛蒙特州教育部（Vermont Department of Education）.（2013）.《教育者执照与专业教师能力培养准则》（*Rules Governing the Licensure of Educators and the Preparation of Education Professionals*）. 引于 http://education.vermont.gov/documents/educ_5100_licensing_regulations.pdf.

④ 威斯康星州公共教育部（Wisconsin Department of Public Instruction）.（无出版时间）.《教师教育计划认可和执照要求》（*Teacher Education Program Approval and Licenses*）. 引于 http://dpi.state.wi.us/tepdl/pi34.html#teacherstandards3402.

涉及的评估技能，包括开发诊断性评估和测试基准，分析标准化测评结果及清晰量化学生学习程度（Kahl，Hofman，& Bryant，2013）；除此之外，还应包含更复杂的评估方式，例如那些地区专职评估员所负责承担的。然而，这些相关技能并非本书所关注的，因此不再对其进行深入讨论。

提高教师评估能力

首先，我们通过一些较为典型的教学场景来了解一下教师是如何在课堂上对学生的学习进行评估的：

◆ 教师们都做过学生，而他们当中一部分人就是根据自身曾经参与过的测验和考试，形成了一套评估知识和技能体系。

◆ 大多数教师在备考教师证时选修过教学法之类的课，“评估”则是其中的必修章节。然而，与课程安排和教学指导两大内容相比，此类课程对评估的讲解大多是轻描淡写。

◆ 另外一些教师参加过评估课程的正规学习，上过有关教育测评与考核的课。这些课程关注的大多是心理测量原则。尽管这一内容具有其重要性，然而却很难用于课堂实践。

当然，教师群体中也有些人通过正规职业培训课程或者自身经验积累，形成了一套全面的评估理论和操作体系。但此类人毕竟占少数，绝大部分教师依然缺乏相关知识和实践。我们并非在此指责教育者失职（实际上，本书两位作者都未曾参加过任何有关评估的职前培训）；相反，正因如此，教师们才更加需要在评估方面做出努力——即提高评估能力。

我们清楚地知道，光凭经验所谈无法让读者对本书的理念和内容真正信服。在此，我们借用其他相关研究来证明提高评估能力的重要性。

◆ 将评估能力视为核心教学能力是一个相对较新的理念。1983 年开展的一项教师资格标准调查显示，美国仅有 10 个州对作业评估进行了明确要求。到 1989 年为止，情况依然如此（Wolmut，引于 Stiggins & Conklin，1992）。

◆ 2000 年，全国仅有 14 个州的职业资格考核就评估能力对教师做了明确要求，只有 3 个州对教育管理人员做了同样要求（Atkin，Black，& Coffey，2001）。这意味着，10 至 30 年前投身教育事业的人员的评估相关知识和技能极有可能存在不足。

◆ 美国教育评价标准联合委员会发布的《学生评价标准》（*Student Evaluation Standards*）对评估能力做了详细介绍。然而，此项标准 2003 年才出台，并且由于相关机构宣传力度有限，在其后的 10 年内并未取得预期效果。

◆ 教育研究者已经发现，目前的执教人员之间的评估实践能力存在差距（McMillan，2013）。在一项研究中，研究者对教师教学计划、教学方法、课堂管理、评估能力和专业程度等方面的专业档案进行了审查，而这五大板块中评估是记录最少的一项（Tucker，Stronge，Gareis，& Beers，2003）。

◆ 教育改革家在课堂教学中发现不少教师存在评估上的不足。例如，施莫克（Schmoker）（2006）在对全美国的课堂教学进行考察后，下结论说："目前一个愈发明显的事实就是：教师极少对学生进行评估，并且评估手段杂乱无章。例如，某一教学活动在进行了多日或多个星期后，依然不会对学生进行测试评估。另外，相当一部分学生的作业提交后却从未返还给学生本人，或者事隔许久之后才返还，而且返还的作业没有任何的评语反馈，也没给

予学生修改作业的机会。”（p. 86）

◆ 不仅美国如此，全世界范围内也有不少国家表达了对教师在课堂上的评估实践操作的担忧（O’Leary，2008；Tierney，2006）。

◆ 研究指出，评估能力并未被当作核心需求被列入教师职业发展规划（Wenglinsky，2000），这使得职业发展规划从未真正起效（Black，2013；Popham，2009）。

◆ 就算对于刚入行的新教师而言，评估能力也极为薄弱。研究显示，与教学方法和课堂管理两个方面相比，评估能力在执教一年的新教师中最为缺乏（Good，McCaslin，Tsang，Zhang，Wiley，& Bozack，2006）。

结合以上研究以及作者超过 25 年的从业经验，很多教师在评估能力提高的同时，专业知识和技能也获得了提高。因此，本书旨在帮助教师们成为更有能力的评估设计者、使用者和传递者，将评估真正用于提高学生学习能力和兴趣。

本书主要针对教师。事实是，教师的工作十分繁忙。一位教师一天会面对 20 到 200 个学生和他们的家长，在教学的同时还须参与行政事务，并且还要顾及自己的个人生活。鉴于此，本书以一种通俗易懂的方式讲解相关的重点知识和技能，使读者不至于在词句理解上耗时过多。

值得一提的是，本书并不属于教育评估的专业论著，面面俱到且科学性强。本书并非致力于改变行业对评估的视角。市面上已有专著研究专门针对这些话题进行讨论。本书也谈及一些相关研究。然而本书并非此类专业书籍，而是一本实用性强的教师用书，专门为有抱负、期望提高自身教学能力和帮助学生学习成长的教育者设计。

另外，目前教育界越来越关注教师对学生学习的影响，教师的教学质量也因此备受官方重视。基于此，本书重点针对从事基础教育的教师、校长、副校长以及其他教育领导者们，并在有限篇幅内充分采用实例进行阐述。本书主要就 2 至 12 年级的英语（或语言）、数学、科学和社会学等科目做举例讨论，而书中有关评估的理论和原则也可应用于 1 年级的所有科目，包括艺术、外语、健康知识、体育和职业技术培训。作为第二版，本书也包括了部分此类案例的讨论，以及一些涉及《共同核心州立标准》的新型案例（国家州长联盟与州立学校首席官员委员会［National Governors Association Center for Best Practices & Council of Chief State School Officers；NGA&CCSSO］，2010）。

另一方面，基于目前教育大环境，本书的案例和阐述旨在突出教师实践操作和课堂针对性。根据前文所述，“评估”可以被定义为通过采用技巧和工具对有关学生学习的信息进行收集，而针对这一目的的评估技巧和工具有很多。图 1.9 的评估频谱上列举了一些具有代表性的课堂评估方法以作参照。

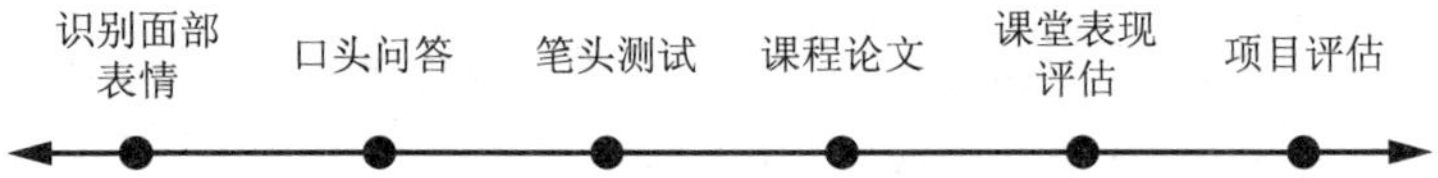

图 1.9　课堂评估频谱

此图并不全面，却根据我们对于评估的理解进行了形象的阐释。在某些情况下，评估被视为一种技巧或者策略，例如识别面部表情、观察课堂活动，又或者是聆听学生对所提问题的回答，同时观察其他同学在此期间的课堂行为（例如点头或摇头）。这些技巧因缺少一定的正规性和客观性而被置于评估频谱的左侧，但是它们与教学充分结合，且极易操作，便于教师快速辨识学生的学习程度。频谱另一端的评估方式显得更为正式和全面，需要教师进行课前设计和课后评分，学生也需要全身心参与其中。位于中间位置的笔头测试和课程论文较为普遍。如果设计合理且使用恰当，与课程目标保持紧密一致，这些综合性较强的评估方式就能够为教学和学习提供重要反馈，并能够根据学生的学习情况提供具有一定有效性和可靠性的数据。

课堂评估可以且应该以多种形式存在（Guskey，2009），因为不同形式的评估都是遵循同一套原则。在举例说明这些原则时，本书会多次使用“测试”一词。“测试”是一种为了了解学生在某知识、技能以及（或者）兴趣领域的进展情况，由教师专门设计的一套针对性强的试题；题型可以为笔试或以写作形式呈现。在冗长的定义包装下，不难看出测试的基本理念：在经过一个阶段的教学和学习后，教师通过测试对学生的学习特征和程度进行考查。测试的使用较为普遍，鉴于此，本书重点讨论课堂测试题的特性及其设计原则。值得注意的是，本书论及的原则和技巧在其他评估方式上均可使用。

本书的写作蕴含着一个更大的期望。我们希望，本书提出的理念能够对更多工作在一线的教师（包括实习教师）产生积极影响，提高教学效率，帮助学生发现学习目的所在。我们希望教师读者们能在阅读本书获取宝贵知识的同时，将所学应用于教学实践，使学生受益。

本书内容概览

本书第二版在保持第一版的基本宗旨和内容的基础上加强了实践操作性。考虑到评估在内容和形式上与各州以及不同区域的标准化的课程保持一致，我们将本书内容分为七章：

◆ 第一章明确了本书重点，并就评估在课堂教学和绩效责任制双环境下的实践操作原则提出理论依据。

◆ 第二章介绍评估所包含的基本原则理念，从理论和实践两个层面对评估的效度和信度进行详细阐释。

◆ 第三章提出评估设计的七个步骤，举例说明评估设计不仅需要与标准化的课程内容保持一致，同时还需要考虑学生认知能力的考核。与第一版相比，第二版有以下两方面的改进：首先，以图表形式对七个步骤的操作进行了细化；其次，讨论并优化了现今较为常见的评估方式，并在此基础上提出“课程单元评估方案”这一概念。在过去的几年里，这些实践操作方法均得到了在职教师和学校领导的高度认可。

◆ 第四章重点讲解如何设计以选择题为主的选择反应式测试，以及介绍目前日益广泛使用的计算机辅助型测试。

◆ 第五章分析讲解了以简短问答题、作文题和评分标准这三个方面为核心的建构反应式测试，并举例说明建构反应式测试题的设计。同时，本书作为第二版在此章节提出一个全新概念以帮助教师更好地设计建构反应式测试题和评估活动。

◆ 第六章通过举例的方式，介绍了如何进行测试结果分析，并强调反馈在促进学生学习方面的重要性。

◆ 第七章对本书的教师读者提出希望，希望他们能够学以致用，对其所在区域的其他教师的工作带来建设性影响，并针对实践方法提出了几点建议。

本书第二版更新了引用文献，纳入了一些全新案例，并对我们多年实践经验积累的样本进行深入探讨。与基础教育阶段的教师共事使我们获益良多，我们也真诚希望本书能够帮助更多的教师加强课堂评估能力，提高教学质量。

第二章
如何创建优秀的评估模式?

学习与评估

做学生时，你是否对某次考试感到不公平？也许是因为题目晦涩难懂，不知所云；或是考试内容跟课堂学习的内容不一致；或是因为你受到另一个同学的干扰以至于无法在考试中集中注意力；又或是因为你怀疑教师提供的标准答案有误。无论哪种情况，我们的考试经历多多少少都存在着一些共性，且都在意料之中。首先，考试分数不尽如人意；其次，对考试感到沮丧，甚至愤怒，怀疑考试成绩并没有准确反映你的真正所学。

如果你经历过以上这些“不幸”中的任何一种，都能够明白一份优秀的课堂测试涉及哪些基本原则。这就是说，当教师对学生的学习情况和学习水平进行评估时，无论采取的是试卷、随堂测试、小组项目或课堂表现考核，或者是其他方式，都必须确保评估效度和信度。我们对于这两个概念并不陌生，也经常挂在嘴边，尽管如此，每当将这些相关原则应用在自己的课堂评估时，无论是设计考题还是执行考试，教师们时常还是会不知所措。

针对这一现象，本章将着重讨论有效度和信度的课堂评估究竟意味着什么。值得一提的是，我们并非长篇大论地阐述两个概念，也不会将它们神秘化。相反，我们将从实际出发，帮助教师读者明确效度和信度的概念，以便能够在自己的日常评价实践中灵活使用。

日常生活中的效度和信度

“效度”和“信度”这两个词并不是教育专业词汇，人们在日常交流中也经常使用。举个例子：两个朋友在茶余饭后，谈论起本地一位政客的税收提议，其中一位说道：“你所说的观点根本没有依据！”又譬如，一位女士对手机销售员说道：“我的手机不好使，信号时有时无。这手机的信号接收功能不可靠。”来自日常生活中的“有效”和“可靠”有着很多含义。请看下面的解释：

◆ 当我们使用“效度”一词时，可能指“真实的”“合理的”“合法的”“适用的”“令人信服的”或者“有依据的”。

◆ 当我们使用“信度”一词时，可能指“可依赖的”“始终如一的”“稳固的”或者“值得信赖的”。

为了更广泛地了解大众对这两个词的理解，作者专门对一些退休教师进行了调查，让他们描述自己在什么情况下使用了“效度”和“信度”这两个词。作为实验，我们并没有直接问及他们在教学中的体验，而是首先询问了他们在日常生活中如何使用这两个词。此处，我们原文摘抄了其中三位的回答，并将其命名为“教师互动”。请记住，这些话语是这些教师以他（或者她）自己的口吻在向你讲述。作者对这些语言未做任何改动，仅仅将关键信息进行了加注，作了强调。

教师互动

日常生活中的信度：链球菌测试

我和我的儿子最近经历的一件事恰好说明了“信度”的概念，以及它与检查结果推论之间的关系。这件事就是到医院检查喉咙是否感染了链球菌。如果问这项测试是不是一种能够准确检测喉部链球菌感染的有效方法，我的答案是，也许吧。毕竟有33%的检测结果是在喉部已受感染时却依然显示“阴性”。正是由于这个检测缺乏可靠性，医院在速测之后还会在喉部进行细菌培养，以确保测试的可靠性。可以说，链球菌速测可以视为检查喉部感染的初步检查，但它对最终确诊链球菌感染并不可靠。

安

小学教师

教师互动

日常生活中的效度：《美国偶像》

每周有成千上万的电视观众观看大型真人秀《美国偶像》，他们会对其中的参赛歌手进行评分，投票选出新一届的冠军。节目中，选手们需要挑战不同类型的音乐，然后由四位明星评委点评每位选手的现场表现。我们不知道这些点评是否会对观众的投票决定产生一定影响，但是可以推测获胜选手将成为一名优秀的舞台表演者。一些选手会因为演唱一些不适合自己声线的歌曲而失利，或仅仅不具备明星气质，而使观众对他们的印象“减分”，从而退出比赛。有些观众会出于同情，给一些处于劣势的选手投同情票。这种情况下，我们就很难保证这项赛事结果的效度了，因为他们并非真正在衡量选手的声线、台风等演艺特质。同时，这群观众的意见并不能代表全美国人民的意见。以上种种因素都影响了这个比赛结果的效度。事实也证明如此。一些未曾获奖的选手在娱乐圈的发展反而更加顺利，甚至还成为名副其实的“国民偶像”，然而却从未在这场“偶像”选拔赛获得任何奖项。因此，《美国偶像》的比赛结果仅具有一定程度的预测性。

卡伦

初中教师

教师互动

日常生活中的信度：裁判

作为一名体育教练、运动员和超级体育迷，我深刻体会到竞技场上赛事结果的“信度”。在这一特定情况下，信度与裁判相关。很多运动员不愿意将他们的成败与裁判挂钩，但都希望看到裁判在执行赛规时贯彻始终。比赛双方都希望获得平等的机会，这就需要依靠裁判执法公正。哪怕在自己主场比赛的队伍，尽管大都能从裁判那里得到点便利，但与其引来争议和坏名声，他们更希望通过公平竞争获胜。只有裁判始终如一地执行赛规，比赛才能公平，评判才算可信。

纳特

高中教师

评估的效度和信度

课堂评估中效度和信度的基本原则所起的作用，在本质上与以上提及的日常情景中涉及的方式大同小异。简而言之，效度即有效性，是指评估结果能够真实或准确地反映事物本质的程度；信度即可靠性，体现的是评估结果的可靠程度或稳定程度。一般将这两个概念之间的关系用靶子来打比方。我们可以把效度想象成靶心，信度则是箭击中的点（见图 2.1）。

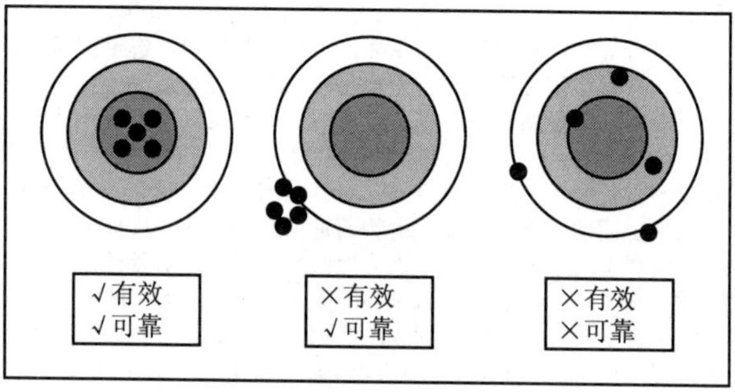

图 2.1　效度与信度视觉图

图 2.1 中最左边的靶子代表着一个既有效又可靠的评估。射击目标，即靶子的中心，接二连三地被射出的箭击中。这说明，箭一直是以中心为目标射出，并且成功地射中了目标。这一情况同时满足效度和信度。

而中间的靶子图形中，箭都击在同一个区域，说明这些射击都是可靠的。但是，它们没有击中目标。这展现的是一个可靠却无效的评估——结果偏离预期目标。

第三幅图展现了另外一种场景。这里，所有的箭都瞄准了中心射出，但在到达靶子时却四处散开。换言之，这些箭是以一种不可靠的方式发射出去。这种不可靠的射箭形式——只有一部分箭击中了目标，另一些没有——让真实成绩难以体现。也就是说，信度的缺乏同时削弱了评估的效度。

以上的图形能帮助我们进一步了解效度和信度的含义。然而，这样的视觉比喻跟其他类型的比喻一样，存在局限性，无法全面地反映两个概念的真正含义。这两个概念还涉及其他特征，作为专业教育者的教师们都应该对其有所了解。所以，在以下的几节中，我们将重点探讨效度和信度的特征，以及介绍一些具体方法以提高课堂评估的效度和信度。最后，我们还会阐释效度和信度之间如何相互作用、相互影响。

效　度

效度可以说是评估最重要的特征（Angoff，1988）。从上节所举的例子可以看出，评估的效度在于评估目标是否合理或有意义。换言之，评估效度是决定一份试卷、随堂测试、小组项目或课堂表现考核是否有效的关键。这个理念涉及一个假定，那就是评估包含了根据评估结果做出的评价、决定、推论等行为（Stiggins & Conklin，1992）。因此，更为准确地说，“效度”是根据评估结果所做出的推论的合理程度。

当我们谈论一份试卷的效度时，我们并不能给出一个绝对的答复，毕竟一套测试不可能百分之百的有效或者无效。效度通常与程度有关。实际上，我们甚至会认为没有任何评估是完完全全的有效，因为就其设计而言，评估本身属于样本，是评估者在固定或模拟的环境下，对目标行为进行的样本检测，因此永远不可能真正的或完全的真实。参与课堂教学的教师们应该注意这点，即无论构思和设计多么完美，最终其结果都不会绝对的有效。

再次强调，效度的特点之一就是可程度化，所以在考虑和设计一份评估的效度时，最好按程度来描述这个概念，例如用“高效度”“中等效度”和“低效度”等语言。例如，与其说“我的单元测试题是有效的”，不如改成“我的单元测试题效度极高”，以此来说明任何评估都无法达到绝对的有效这一现象。也许你根据一本市面上出售的社会学教材准备了一套测试题，准备用考试的结果来了解学生某一单元的学习情况，但是你也意识到这份试题涉及了大量阅读。同时你也知道，班里一部分学生在阅读能力方面比其他学生略弱一到两个等级。在这种情况下，这套试题在考核社会学相关知识方面具有一定效度，但是与此同时，对于那些课外阅读量较少、阅读能力有限的同学而言，他们的真实水平是无法通过这套试题得出合理推论的。这自然降低了这套试题的效度。你或许可以说：“对阅读能力较弱的同学而言，这套测试题的效度较低。”

总的来说，效度关乎我们从考试结果去推测学生的学习情况时所具备的信心。另外，效度并非“不是/就是”这么绝对，而是关乎程度。

第三个与效度有关的重要理念就是，老师们应该认识到效度是一个包含了四个方面的统一体。为了便于理解，我们用钻石来打比方。美丽的钻石是大自然的馈赠，同时也是人类社会昂贵的商品。珠宝商如何判断一颗钻石的价值（即挂上的价格标签）呢？他们主要看钻石的四个方面：切磨、色泽、克拉重量和净度。当我们在判断一套测试的效度时，同样也涉及四个方面：构念效度、内容效度、同期效度和结果效度。

读者甚至可以把效度的四个方面想象成钻石的四个面，正如图2.2展示的那样。一颗钻石就是一个独立的宝石，但有许多小平面或刻面，相互交错，在光线的照射下反射出绚丽多彩的光芒，这是钻石的宝贵之处。课堂评估中效度这一特征也是相似的。评估效度具有钻石的多面性，是综合了四种效度结果所得。四个方面都对评估效度的整体价值有直接影响。

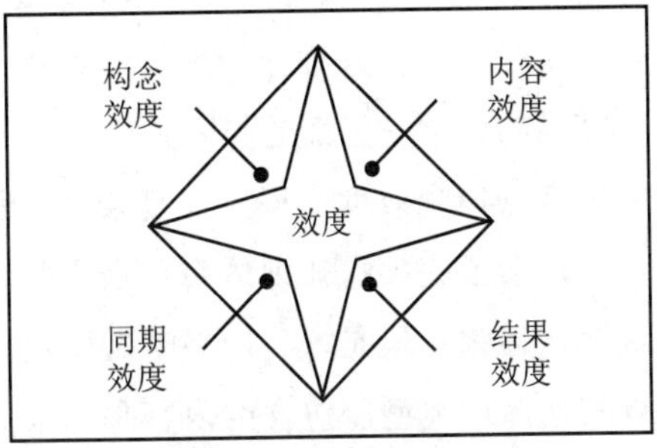

图 2.2　效度的四个方面

现在我们知道效度作为一个独立的概念，却又包含四个方面。那该如何判断一套测试具体有“多少”效度呢？前文已经提到，你可以从四种效度类型中去寻找证据。在接下来的几节中，我们将分别阐述四种效度的概念和实际操作。

构念效度

首先我们必须认清，“构念”并非动词“构建”，而是作为名词，表示理念或概念。每当考核所学理念或者理论框架时，我们需要知道测试结果在多大程度上与我们的预期学习目标吻合。这便是构念效度能提供的证据。换言之，构念效度提出的问题是：“这套试题是否测其所测？”用图 2.1 的靶子图示打比方，构念效度即在问：“我们对准目标了吗？”不难发现，构念效度是最基本、涵盖面最广的一种效度（Angoff，1988）。

构念效度的判定既简单，又复杂（Embretson，2007；Gorin，2007；Lissitz & Samuelson，2007；Mislevy，2007；Moss，2007；Sireci，2007）。譬如，构念效度又称作“表面效度”，是“效度的外表所在”（Angoff，1988，p. 23）。就是说，在衡量一套测试的构念效度时，你只

需让这套试题“看上去有效，让考生和大众接受便可”（Angoff，1988，p. 24）。这就好像我们常说的，一只看上去像鸭子、走起来像鸭子、叫起来像鸭子的鸟，一定是鸭子。同样，一套写满了算术题，而学生要通过数学的方法来完成的试卷一定就是数学试卷了。

然而，正是因为这点构念效度变得更加复杂。我们知道，数学是一个复杂的学科，它包括了完整的知识体系和众多概念，涉及多种认知技能，而且实践操作性强。但是，我们平时做的随堂小测验、学期考试、小组项目或其他评估类型所包含的内容是有限的，仅仅关乎正在教授的那一小部分知识。鉴于此，为了更好地把握测试的构念效度，教师就需要对学习目标有所了解，包括考试涉及的知识点和认知技能。如果你是一名专门从事数学教学的教师，对学科知识体系了如指掌，那么对教学目标也不会陌生。但是，如果你是教英语或者社会学的教师，那么判断一套数学题的构念效度就比较困难，因为你对该学科领域涉及的知识并不是非常全面且深入的了解。（同样，数学教师来判断英语或社会学试题的构念效度，也会遇到同样的麻烦！）这个问题真实存在。在表面效度层面，任何评估看上去都有效；然而，出试题的教师必须对所考科目具备精深的专业知识，才能去判断其构念效度。这一点必须谨记。

为什么教师需要如此重视构念效度？因为学科中的各种概念并非清晰易懂，而是高度抽象、错综复杂，并且与先前的知识紧密相连；这正是概念让人捉摸不透的地方。在考核学生对某一概念的理解时，必须设计一种方法，清楚了解学生是否完成了预期的学习目标，掌握概念的同时还要能实际应用。举个例子：一位英语教师在教授文学术语（例如隐喻、语气、语态）时，可以通过概念匹配题、简答题等方式进行考核，或采取更为复杂的方式，要求学生阐释某位作家的叙事技巧及对读者的影响，以考查他们对这些概念的应用分析能力。在考查这些概念之前（甚至在开课之前），教师本人必须知道如何分析文学作品，如何挖掘叙事技巧与修辞效果之间的关系。换言之，在衡量测试的构念效度之前，测试者自己首先要清楚被测概念的正确含义。只有在教学中明确了学习目标（包括学生需要具备的一系列预期要求的显性知识、各种技能以及价值观），才能对学生的学习情况进行有效评估。这一点十分重要，我们会在接下来的章节中不断强调。

内容效度

我们用内容效度来判断通过评估所获得的样本，在多大程度上与课程单元所要求的学习成果、标准或目标达成一致（Cureton，1951）。评估往往受到时间和资源的限制，所以需要确保评估能够真实反映学生对知识技能的掌握情况，且具代表性（Wainer & Braun，1988），当评估受到时间和资源限制时尤其如此（Stiggins & Conklin，1992）。可以这么说，与学科自身的知识体系相比，每次考核评估涉及的内容并不全面，我们因此只能把它看作是从一套完整、系统的学习目标中获取的样本。我们期望这套样本结果能够充分反映阶段性学习成果。

内容效度中的“内容”一词在概念上是模糊的。内容效度中的“内容”并非指某一科目的学习内容，如数学的分数、语文的一段对话、历史年代或植物的枝叶。准确地说，内容效度体现的应该是评估所取得的样本是否充分反映了某一阶段的学习成果；如果是，那么这套评估对了解学生对知识体系的掌握程度具有较高的代表性。因此，一些人有时会使用“样本效度”来取代“内容效度”，但这个同义词并没被广泛采纳。

同时，内容效度或样本效度需要考虑所测知识点的比例问题。事实上，并非所有学习目标都同等重要。举个例子：一位高中的生物学教师希望学生同时掌握两个知识点：一是记住一长串的解剖术语；二是理解几个生理系统互通机制。尽管两者同等重要，但是评估试题需要有轻重之分。如果教学内容包括 45 个术语和 5 个生理功能，而测试中正好也有 45 道术语题和 5 道生理功能题，那么这套测试的样本效度就低了，尤其是当理解阐述比死记硬背重要时更是如此。这种情况在随堂测试中时常发生，我们通常倾向于对那些死记硬背的知识过度地取样，而缺乏对复杂概念技能的取样。

与构念效度相同，判断内容效度也需要首先明确课程的学习目标，在此基础上创建一个表格，对每项目标进行详细说明。这就是目标细化表或者目标蓝图。这种方法可以有效防止任何无关的内容出现在评估中。不用说，制作这个表的前提是要求评估者具备大量的专业知识和熟练的技能。然而，据我们所知，相当一部分教师对目标细化表一无所知，也不清楚如何根据自己的评估需求来制作表格。当然，一旦了解和熟练之后，你便会发现，创建目标细化表是有效评估步骤中最重要、最实用和最简单的环节之一。读者将会通过阅读下一章来熟悉这一步骤。在此之前，我们先来看一项有关降低内容效度（或样本效度）的研究。

一项针对 12 个年级核心科目考试的研究中，研究者对每道考题所涉及的认知水平进行了分析。他们发现，72%的题目对基础知识积累做出了要求，11%要求达到理解，15%要求会应用，1%涉及分析讨论，少于 1%的题目要求综合分析或者评判，包括使用本杰明·布鲁姆（Benjamin Bloom）和他的团队开发的认知类型。就科目而言，超越知识积累的试题，将近一半出现在数学试题中，其中计算题（应用）尤为突出。值得注意的是，将近 98%的人文学科试题仅停留在初级的知识积累阶段（Marso & Pigge，1991）。

以上的研究与效度有什么关系？教师对学生学习情况的了解，是从测试结果推断出来的，推论的合理程度正是效度所在。如果学生在一门人文学科考试中取得了 100 分，我们能够由此推断出什么？可以说他在阐释历史事件方面极为优秀吗？他能够将历史事件与当今时政联系起来吗？既然 98%的人文学科考查学生对知识概念的死记硬背，那么以上的推断都不成立。任课教师、学生、家长，还有下一学期的任课教师却都以为这个分数显示的是学生的阐述能力和批判性思维。试题在内容设计上对科目的学习目标取样不合理，导致了考核结果效度降低。这就是内容效度有问题。

图 2.3　评估内容效度的重要性

同期效度

“同期效度”是指用两套试题对同一学习目标进行测试，其所得结果之间的相似程度。以弗吉尼亚州现今的绩效责任制为例：与美国大多数州的情况相似，弗吉尼亚州的高中生需要在学习标准（SOL）框架下，参加一系列的“SOL 课程测试”，其中包括了数学、英语、历史、科学四门基础科目。只有通过这些考试，获得相应的学分，才能进入下一阶段的学习，因此这些考试又被称为“结课考试”。同时他们还要参加学校安排的期末考试。这意味着，弗吉尼亚州的学生每一门课都需要在同一期间（即同一门课程学习时间内）考两次，也意味着他们每一个课程会有两个成绩：一个期末考试成绩和一个 SOL 课程测试成绩。这两门考试都安排在了同一时期内（即在或者靠近课程结束时），均试图反映学生对同一套州立标准所要求的知识掌握情况。

然而也有这样的情况出现：学生顺利完成了期末考试却没能通过 SOL 课程测试并因此不能获得相应的学分，这说明测试的同期效度存在问题。这时，老师开始质疑两种考试中的某一种存在效度问题，因为两种考试都在反映同一时段内的学习情况，但结果却截然相反。在这种情况下，老师便需要参考试题的内容效度（由测试涉及的目标细化表所体现）和构念效度（通过查看学习目标设计的合理性）。当然，期末考试涉及的学习目标在数量上可能远远超过 SOL 标准化测试，这无疑使两者在同期效度上的比较变得更加复杂。通常，期末成绩还包括平时成绩，例如学生参加的项目、试验或其他课堂活动。这些都是 SOL 课程测试无法考查的部分，也正因如此，SOL 课程测试的同期效度的测量范围显得更加局限。

再举一个同期效度的例子。有这样一个虚拟的场景，在大多数学校都显而易见，却不太引人注意：一位教高中数学的新教师得到了数学教研组同行的大力支持。那些经验丰富的教师经常给他提建议、分享教学材料，这位教师因此感到无比幸运。他刚得到两位教师自己设计的单元测试题，正巧可以用于目前正在教的单元。想象一下，如果他将自己的班级分成两组，使用两套根据同一教学内容制定，却由不同教师设计的试卷，考试结果会一致吗？从这个例子可以看到，同期效度对学校的课程、教学和评估的“科目水平衔接”会产生重要影响。因此，同一年级和（或）同一门课的教师应该对课程的教学目标和教学方法达成共识，并进一步对学生的学习效果的评估也达成共识，这一点尤为重要。

以上的虚拟案例是为了阐释同期效度这一概念而假设的情景。现实情况中，很少有教师会在评估中同时采用两套或者更多的试卷。事实上，同期效度往往产生于前后两个不同时间段之间的比较；所以，这种效度更准确地应该称为“预测效度”。回到以上弗吉尼亚州的例子，同样是在一所中学，一位教师决定在 SOL 课程测试之前的几个星期对学生进行一次模拟考，以便对学生在这种高风险评估中的水平情况做一个摸底，同时也帮助自己调整教学重心。这位教师会将每位同学模拟考的成绩与之后的 SOL 课程测试成绩做比较，得出预测效度。两者之间的分数越是一致，说明模拟考的预测效度越高；不然则反之，此时就需要通过构念效度和内容效度来查明造成预测效度低的原因。随着每个州日益增多的高风险测试，模拟测试的预测效度也越来越受到重视。

结果效度

结果效度是指评估所得结果与所期望的结果的相符程度（Linn，1997；Messick，1989；Shepard，1997）。除分数外，评估结果的形式多种多样。包括入选优秀人才培养计划或者辅导班，例如优等生联合会、高阶课程、补习课程或特殊教育课程，或者成功进入高年级学习，从高中毕业并顺利进入大学等；还可以是对学生学习动机、学习信念和性格有积极影响的情感结果。

举个例子来说，班里一位学习有困难且厌学的学生在一次课堂测试中表现得不错，因为他从任课教师那里得到了帮助和鼓励，并且觉得这次考试的设计还算公平。这个过程产生的众多积极效应中，比较重要的在于学生对教师、科目和学习本身的态度都产生了积极的转变。

在这个例子中，评估的结果是积极的，最终提高了学生的学习水平。教师由此可以看到本次测试的结果效度较高，不仅提高了这位学生自我效能感，还提高了他的学习信心和学习兴趣。

相反，评估的结果也可以带来潜在恶果。如果测试题的难度已经超出学生能力范围，或者测试的内容与教学的内容不符，又或者学生无法通过试题真实展现自己的所学，那么学生的自信心将会受到打击，并对科目和学习产生厌恶感。我们拿自然科学课来举例。任课教师是个大好人，并且勤勤恳恳。在他的课堂上，学生经常进行调查研究和假设推论，还做大量实验。可是，他的试卷往往仅是包括从教科书题库自动生成的单项选择题，而且这些题仅涉及死记硬背的课本知识。由于测试内容和教学内容之间出现差别，班里很多同学在考试中失利。而评估与教学的错位所带来的后果就是，这位老师的学生们发现无论如何认真上课、用功学习，考试成绩依然不理想，于是开始怀疑自己的学习能力，最终失去对这门学科的学习兴趣。

评估的结果，无论是分数，还是根据分数得到的推论，都能够对学生产生影响。其中一些影响是计划之中的，另一些则是无法预料，甚至无法察觉的；一些影响鼓舞人心，另一些却打击士气。从以上的例子可以看出，结果效度对于教学和学习都相当重要。然而，结果效度却往往被忽略。也许是因为其他三种效度（构念、内容、同期）在本质上更专业，也更便于观察。无论是哪种情况，结果效度在教学和学习中都具有核心地位。

简而言之，教师们必须确保其教学与评估存在一致性。正如大部分教师都知道的，教学过程中适当给予表扬和关注，建立良好的师生关系都有利于学生的学习；同样，教师们也必须清楚地认识到他们所设计的评估要确保公平公正，与教学内容相关。课堂评估研究方面的著名学者里克·斯蒂金斯（Rick Stiggins）（2006，p. 14）就曾说过：

一些评估方式允许，甚至鼓励学生放弃学习。这些方式应该由那些给予学生希望，让他们为之坚持不懈的评估方式所取代。简而言之，评估会给学生带来积极或消极影响，这个情感氛围必须往积极的方向转变，尤其是针对那些学习成绩差或能力有限的学生。

判断效度的方式

作为一个独立且统一的概念，效度包括四个方面。图 2.4 基于效度的四个方面，分别列举了它们各自的特征，并提供了一系列方式方法供教师参考。

效度的种类	判断效度需思考的问题	提高效度的操作方法
构念效度	●是否可以根据评估结果推测学生本单元的学习情况？	●列举评估涉及的所有学习目标或预期结果，查看其是否与课程目标相吻合（见第三章）。 ●创建目标细化表，检查每一项是否准确地反映了预期学习成果（见第三章）。
内容效度 （样本效度）	●评估对学习目标进行的取样是否恰当？ ●评估是否正确反映了不同学习目标之间的主次关系？	●创建学习目标细化表，确保获取适合的样本，避免学习目标过度取样或取样不足的现象（见第三章）。
同期效度	●我们是否可以通过一份评估结果来预测同一时期的另一套评估结果？两次评估提供的数据是否真实反映了学生的学习情况？	●将自己设计的试题与另一套针对同一学科或单元的试题进行比较（例如同事出的试卷、全州统考、预修课程考试）。
结果效度	●评估的结果会对学生的未来学习产生什么影响？ ●是否会带来一些非预期的后果？	●通过以下方法来辨认和评判影响的好坏： √学习动机、态度、价值观 √入选特殊团体或项目的名次 √教学方式的改变 √家长或其他教育者的推论

图 2.4　如何提高评估的效度

信　　度

信度与效度是相互关联的。事实上，这两个概念相辅相成，是创建优秀评估的核心原则。那么何谓信度？“信度”即可靠性，是指评估结果的可靠程度或稳定程度。

信度的关键在于评估中相对为零的误差量。首先，让我们来了解一下误差的定义。在统计学中，评估“误差”是指一份试卷无法对有能力解答的学生和没有能力解答的学生进行准确区分的情况。例如，如果一位学生答对试题并非因为他知道，而是因为其他与相关知识和技能无关的因素，那么这时误差便产生了。同样，误差也可能出现在一个有能力答题的学生身上，譬如漏做了一道题。

与效度相同，信度也是可程度化的。没有一套考题或者测评能够达到百分之百的可靠。无论是一道题，或者一套完整的评估，只会在程度上达到相对零误差；换言之，即具有一定可靠性。事实是，没有评估的绝对的零误差。尤其在谈论评估的系统误差和随机误差时，这个事实会更清晰可信。图2.5显示了这两种误差的关系。图中的圆球代表了系统误差，因为它在评估中比较少见，并且在发现时，能够通过适当措施降低其影响。然而，随机误差是由评估过程中一系列因素所致，其产生原因总是难以发现或者无法预测。图中较大面积的矩形代表了随机误差的这种难以控制与不确定性。

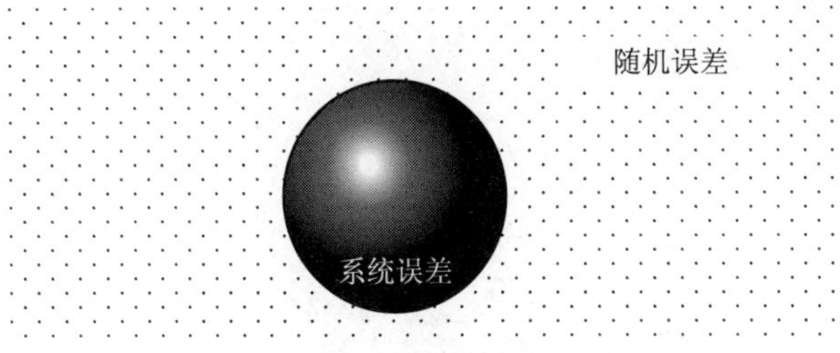

图2.5　误差类型

“系统误差”是指评估过程中由某些固定因素引起的误差。它可能会影响学生的考试成绩，但同时也可以检查出来并进行控制。系统误差的例子包括：

- ◆ 带有文化偏见的语言、习语、引证
- ◆ 测试所需阅读水平过高或过低
- ◆ 试题编写出现技术性错误或语言表达错误
- ◆ 试题说明不够充分或不明确
- ◆ 试题结构拙劣，容易使人迷惑或引起误解
- ◆ 试题的题目数量不足
- ◆ 主观评分
- ◆ 作弊

“随机误差”是指会对评估结果造成一定影响，由某些无法预测或者控制的因素所引起的误差。如图 2.5 所示，导致随机误差的因素基本上无穷无尽，举以下几个常见的例子：

- ◆ 生病
- ◆ 粗心
- ◆ 好运气（或倒霉!）
- ◆ 心情
- ◆ 间歇性的走神
- ◆ 眩晕
- ◆ 火警
- ◆ 缺乏睡眠
- ◆ 插播广播
- ◆ 桌子摇晃

无论是系统误差还是随机误差，都会影响我们判断考试成绩所反映的学生学习情况是否真实可靠。例如图 2.6 中讲述的那位学生，我们暂且给那个故事取个名字，就叫“都是误差闯的祸：一个高中生的倒霉故事”。

事实上，这位 9 年级高中生所经历的不幸——以及其他数不尽的小灾难——每日在学校里都司空见惯。我们并非小题大做，也不是在提倡教师在每次考试前对每一位学生开展心理辅导，帮助他们解决人际交往过程中习以为常的麻烦。笔者在此提出这一观点，旨在警诫作为教师的我们在设计评估时应尽量避免自以为是。评估设计不可能做到完美，每套试题都会存在无法避免的误差，教师们需要做的就是时时提醒自己这一点，然后尽全力控制误差。

信度是用来确保评估结果能够真实、不受误差影响地反映学生的学习情况。由于信度对评估结果的推测尤为重要，因此心理测量师（即构建、执行和研究评估的专业人士）提出了一些方法来帮助我们清楚认识误差对评估的影响。例如，可以通过一系列项目分析，在 0 到 1 之间估算评估的信度系数，从而确定评估结果的可靠性。通过分析，可以了解评估的测量标准误差，这是体现学生实际分数与真值分数之间误差大小的衡量标准。这些统计学概念在高风险评估中尤其重要，用在检查、分析、讨论和决策等环节。但是这些误差信息只会在考试结束后才能获得，所以对于任课教师来说并没有太大的实际意义。那么，教师究竟该如何来提高课堂测试的信度呢？

假设一个成绩优秀的 9 年级高中生在这一天遭遇了生命里的种种不幸。当时正是第三节课。他走进教室，准备参加连续三晚通宵复习的历史考试。然而正在这时，他却在走廊上发现，自己准备邀请一同参加校园舞会的那位女孩刚答应了另一位 10 年级师兄的邀请。我们这位 9 年级学生有点沮丧和难堪，因为这可是他作为新来的转校生在这所学校参加的第一场舞会，他同时也没有其他人选可以邀请。

此时的他拼命思考着还能邀请谁。令他苦恼的是，午饭后该如何向自己的那帮兄弟讲这件事呢？他们肯定会很快知道，然后就来嘲弄自己。

正在纠结万分的时候，他在书桌前坐了下来。那张凳子上有一个口香糖，正巧粘上了他的裤子。他纠结着：他应该把口香糖扯下来，还是置之不理？别忘了，你再怎么装作漠不关心，那个粉红色的口香糖还粘在屁股上呢。

当他正为这些事发愁时，历史教师开始一边派发试卷，一边讲解答题的注意事项了。我们这位优秀学生注定要在这场考试中出差错了，他没有听清教师重要的讲解，造成这种系统误差的原因在于这位教师采用了口述方式来交代重要的答题事项。如果教师对进入考场的学生稍加引导，帮助他们进入状态，特别是考试状态的话，这种误差是可以避免的。又或者将考试注意事项以文字形式写在试卷上，再口头强调一遍，也是不错的办法。但是，谁又知道这位教师昨晚很晚才匆匆忙忙出完试卷呢？

当然，我们这位高中生也经历了随机误差。他或者他的教师都没有错（错就错在那位高年级学长身上），学生参加考试的精神状态受到了影响。他也许可以尝试振作起来，集中注意力，然而此时此刻不稳定的情绪也许让他在考试时做错了一两道题……甚至更多。

总而言之，这位同学在这次考试中的成绩并不能真正可靠地反映他在 9 年级历史课中针对某一单元的学习情况的，换种情况的话，他可能会考得更好，因为他真实的知识水平远远超过他在这次考试中的表现。

图 2.6　都是误差闯的祸：一个高中生的倒霉故事

提高信度的方式

“信度”是指在对学生学习情况进行评估时，其结果不过度受到运气、系统误差、偏见或作弊影响的程度。当教师能够做到对这些影响加以控制时，评估将更加可靠。图 2.7 提供了一些可供思考的问题和实践操作方法，以帮助教师提高课堂评估的信度。

首先，每位教师都应该问自己：“我有足够的问题来测试学生对每个知识点的掌握吗？”编写试题的基本原则之一就是，学生能够完成越多的题目，这套试题的信度就越高。举个例子，一位 4 年级的数学教师准备考查小数加减法。如果他出的试卷里只有一道加法题和一道减法题，这样得到的考试成绩有多可靠呢？万一有位同学漏做了其中的那道加法题，那么就能下结论说这位同学不会小数加法吗？为了避免误差出现的可能性，即避免学生可能因与其知识储备毫无关系的原因而漏答的情况，明智的数学教师应该在试卷里多出几道加法和减法题。这样的话，如果学生还是没有做出所有的加法题，那么教师则可以确信这位同学的确对加法一窍不通。同样，如果学生做对了所有的加法题，教师就能对学生的考试稳定性更有把握，即说明教师对这位同学掌握了加法知识的推测是可靠的。

一份试卷究竟需要多少道题才能确保其信度呢？在这方面倒没有硬性的规定，但是有一些常规做法。按最低数量来讲，可以将每个考点进行“三角化”，即每个主题、知识点或者技能应该对应至少 3 道题。当然，如果针对每个学习目标设计更多的题目，可以进一步提高评估的信度，因为这样，教师就会有更多的证据来推断学生的学习情况，了解他们在学习中的长处和不足。我们把这种信度称为“重测信度”。当然，一套测试的题目数量也有上限。合理的安排是，试题总量应该与班里学生的年龄层对应。毕竟，如果设计的试题过多，无疑会让学生筋疲力尽，反而会降低信度，造成误差。

确保信度需要考虑的第二个问题是：“试题的提问方式、提示语言和结构有没有出现系统误差？”误差会以各种方式出现在试题中。如果一道题的表述模糊不清，学生就会因为误解而答错，而非缺乏专业知识。如果一个项目的要求不清晰，或者不完整，也会导致有能力完成项目的学生因遗漏重要信息而无法取得好成绩。如果一个单项选择题要求学生使用试卷某一页的地图来回答后面几页的题目，那么学生只会把试卷翻来覆去，从而造成误差。如果试卷的第 3 题无意间泄露了第 6 题的答案，那些不会做第 6 题的学生也能回答正确。

提高信度需要思考的问题	提高信度的操作方法
我有足够的问题来测试学生对每个知识点的掌握吗?	◆常规做法是每个知识点设计 3 道或以上的题目，以此降低误差给测试结果造成的不必要的影响。
试题的提问方式、指示语言和结构有没有出现系统误差?	◆检查校对每个问题、提示和说明，是否有语言或技术性错误及文化偏见，语言表达是否隐晦费解，防止系统误差。
测试的评分标准是否尽可能地做到了客观公正?	◆对评分规定和标准进行说明和核实。 ◆建立评分准则及评分培训，确保内在评分的信度和评分者间的信度。

图 2.7　提高信度的方式

以上这些例子都有一个共性：试卷的设计无意之中造成两种情况：学生要么就是有相应的知识储备却无法答对试题，要么就是在没有掌握知识的情况下答对。以上案例中出现的误差都属于系统误差，并非出于教师的本意，且都可以通过仔细校对来避免。

尽管现在可以用计算机检查拼写，或者使用市面上也大量印刷出版的试题库和配套教材，然而系统误差还是随处可见。根据作者对课堂评估的了解和经验来看，我们时常面对这样的问题：为什么设计试题时会出现这样或那样的误差呢？我们认为有三个原因：

1. 有些教师和试题出版商从来不对试题的语言和技术性问题进行认真校对。

2. 有些教师和试题出版商对题目设计的操作规范并不清楚，也从不遵守。

3. 有些教师和试题出版商不了解相关学生的学习经历、知识储备和阅读能力。

那么，出题者该如何做才能避免以上的错误，提高评估信度呢？我们给出以下几条建议：

◆ 使用电脑的拼写检查。

◆ 请同事帮忙审查题目表述的清晰性和准确性。

◆ 仔细阅读和遵守不同题型的设计规范，例如单项选择题、是非判断题、简答题和论述题。

◆ 在设计每道题目时，都要对学生的不同文化和学习背景保持清晰的认识。

◆ 主动审视自己的文化背景和文化假设。

◆ 多加留意考试中出现的可能会影响学生注意力和发挥的特殊情况。

回到图 2.7，第三个有关确保评估信度的问题是："测试的评分标准是否尽可能地做到了客观公正?"由疏忽造成的误差不仅发生在设计试题环节，也同样会出现于评分环节，例如第 15 题的标准答案错误，从而导致那些原本回答正确的同学被扣分。评分过程中的误差还可能由于教师改卷过程中的主观性造成，学生的分数会根据其试卷在试卷堆中的位置或者教师改卷时的心情而定。这些情况在简答题和论述题中尤为常见，但是也不排除其他情况，例如数学教师给学生的作业打分、合唱队教师对学生的表演打分或艺术课教师对学生制作陶器打分的情况。

为了避免评分过程中出现类似的误差，无论何时，批卷顺序的先后或是批卷时环境的好坏，教师应该尽可能地降低主观因素的干扰以及提高学生之间评分标准的一致性。这一条准则称为"内在评分信度"，即一位评分者在评分过程中始终如一地遵守评分标准，不受其他与学习目标无关的因素干扰，从而保证了评估结果的稳定性。同样，两个或两个以上一起设计试题的教师相互之间也需要在评分标准上达成共识，以保证分数的一致性。这叫作"评分者间的信度"。

正确使用评分标准是提高信度的关键，尤其是对包括计算题、简答题、课程论文、项目、课堂展示和原创型作业在内的开放式问答题而言。这类题型需要教师能够明确把握评分标准中的细则，并根据可能出现的答题情况设计水平层次或等级，具体的评分方法包括评分清单、评分量表和评分量规，我们将在第五章对这些方法逐一介绍。

效度和信度的意义

如果一份评估能够提供数据让教师对学生的学习情况和程度进行合理推导，如果这份评估同时还能区分真正掌握有关知识的学生与那些浑水摸鱼的学生，那么这份评估就同时具备了效度和信度。然而，如果一套评估没有针对学习目标涉及的知识进行考查，或者评估方式不合理，或者其结果无法准确预估针对同一套知识目标而设计的另一套评估结果，又或者无意间侵犯了学生的求知权利，评估的效度都会因此而受到影响。另一方面，当评估结果反映的并非学生真正所学，又或者学生已经完成相关学习目标却在分数上“不合格”，信度则因此削弱。

在谨记前文对效度和信度总结的同时，下面我们通过几个例子再来回顾一下这两个核心原则。我们采访了一些教学经验丰富的教师来描述有关他们教学中与效度或信度原则有关的实际经历，这些例子来自小学、中学和高中，也涉及不同学科和特殊教育。每一个案例中，讲述的教师都会用自己的语言，通过讲述自己的亲身经历来阐释他们对效度和信度这两个概念的理解。此外，每一位教师都会就设计和（或）使用有效且可靠的评估，对他或她以往的教学实践进行批判性的反思。

教师互动

测试中的效度和信度

作为教育者，我相信我们都有很多很多经历涉及无效或者不可靠的评估。拿我来说吧，我目前的学校要求教师必须用完形填空来测试学生的阅读水平。完形填空要求学生阅读去掉了一些词语的文章，并选择最恰当的词语来完成文章。我认为这种测试是无效的，毕竟一个孩子的阅读能力涉及的不仅是能否正确填空。这种方式无法评估学生对文章的解读能力、复述故事的能力、回答问题的能力或者阅读过程中的自我推导能力。另外，我也认为这种题型不可靠，因为不同形式的完形填空可以导致分数不同。例如，我给一个孩子看一篇关于恐龙的文章，这篇文章达到了 4.0 的难度，但是这个孩子十分喜欢恐龙，因此具有丰富的相关知识，所以她在阅读测试中取得了较高的分数。当我再给这个孩子一篇有关古罗马的文章时，尽管难度相同，但她的测试结果就会与之前的截然相反，因为她对古罗马一无所知。

凯蒂

小学教师

教师互动

测试中的效度和信度

我是一名从事特殊教育的教师，我认为自己可能大意地使一次考试违背了评估的信度原则。导致问题产生的原因在于试题本身以及考试时间。这个考试旨在考查一位学生理解计算要求和执行计算的能力。在此前一年的学习过程中，我一直允许这位学生使用计算器，然而这次考试却要求她在没有计算器的情况下完成相似的计算题。考试时间也不利于她发挥正常水平。考试安排在放假前的最后一天，并且是在放学前的最后 30 分钟。我相信这影响了分数，对学生真实水平的判断是不可靠的，从而导致我做出针对学生学习情况的判断也是不准确的。

纳特

特殊教育高中教师

教师互动

测试中的效度

最近，一位 4 年级学生参加了一场全是选择题的历史考试，分数没有及格。这位学生的阅读能力只有 3 年级水平。在分析他的答卷时，我发现试卷上一些试题的语言表述达到了 4 年级结束时的阅读水平，由此可以推测这位同学在阅读这些题目时一定愁眉苦脸。因此，我用面试的方式，口头考核了他的历史知识。这次，他答对了很多题。我觉得最初的笔试对于这位同学而言应该是无效的，因为试题考核的并非历史知识，而是他的阅读能力——而后者并不是我们这门课的学习目标。

安

小学教师

教师互动

测试中的效度和信度

我最近给学生做的一次拼写周考应该属于无效。这个考试的目的在于考查学生对专业术语的掌握程度。记住了所有要求的术语的同学可以考出很高的分数。然而我发现在考后第二天的论文作业中，此前拿高分的学生却往往拼错了这些术语。不仅仅是拼错，他们在校对论文时依然没有发现这些拼写错误。这时我认识到真正的学习目标：拼写周考的目的不应该是考核死记硬背的能力；学生不单单要正确拼写这些词，更重要的是学会在实际论述中正确使用它们。

卡伦

中学技术部门教师

教师互动

测试中的效度和信度

对于设计的试题无效并且不可靠，我曾经在暑假培训班教书时就有过一次亲身经历。当时我教的是一群准备升1年级的学生。我准备好了一套课前测试来了解他们的水平，题目以图形题为主，考查他们对正方形、心形、三角形和圆形的识别能力。这些题目以表格的形式出现；然而，这群孩子对这种表格形式还很陌生。不用说，最终大多数人的成绩并不理想。后来当同样的题目以另一种方式呈现时，所有的孩子都拿了满分。暑期班采用的另外一种评估方式是一份家长指南，里面包括这次课前测试的结果。这份指南告诉家长孩子需要在哪些知识点上进行强化。其实这份表的内容非常具体，如果一个孩子无法辨认图形，我作为老师会在相应的知识技能那里打钩，标注孩子不会识别的是正方形、心形、三角形还是圆形，但事实上却是因为题目形式影响了孩子的正常发挥，孩子的能力并没有通过试题真实地反映出来。

林赛

小学教师

教师互动

测试中的效度和信度

作为教师的我总是希望在批改孩子们的作业时能够提高效度和信度。譬如在社会学的课堂上，我以前经常以海报设计的形式来评估学生对社会学知识的掌握，但从来没有明确说明分数与海报所包含的内容之间的关系。最终，设计美观却没有什么社会学内容的海报，往往比内容丰富却只有白纸黑字的海报得分更高。海报评分应该涉及内容和形式两个方面，但我却没有提前说明海报设计的意义所在。我和我的学生都没有仔细去思考，一份海报应该包含什么才能最好地展现所学。评估缺少评分准则，同样会降低可靠性。我敢肯定我曾经出现过这种情况：给某一组海报打的分与另一组的分数不一致，要么因为我急着完成作业的批改，要么因为对那个班的学生有较好或较差的印象。回想起来，我深感内疚，毕竟孩子们都很用功地完成了海报设计，老师应该在评分专业性方面下更大功夫。

查利

中学社会学教师

以上这些教师对课堂评估的实践和经历所进行的反思说明了设计和使用课堂评估的基本原则。教师们的课堂评估必须准确反映我们预期它们反映的有关学生的学习情况。评估必须采取可靠的方式来让那些有知识储备的学生展示他们的真才实学，而不是在考试中投机取巧。这些指导课堂评估设计的基本原则就是效度和信度，它们使评估更加准确、可靠，从而最终使对学生学习的评估变得更有意义。

第三章
如何设计评估?

CIA 三者定位等式

你是否曾经在开车时经历过轮胎松动的情况？这个时候的车往往会有一些可以察觉的异常出现：例如在笔直的公路上行驶时会偏向一边。严重时，你还会感觉方向盘抖动，甚至整个车架都在震动。如果处理不及时，两边轮胎会产生不同程度的变形，增加油耗的同时还缩短了轮胎寿命。最糟的情况是造成悬架、车架或底盘磨损和破坏。你无须是一名修车的专业师傅也能知道轮胎松动时那种汽车摇摆和受损的情况。从积极的角度讲，开车时确保车轮固定是非常重要的，这样的车才能听我们的使唤。

定位对于评估来说同样重要。在第一章，我们介绍了课堂评估的三个涉及教学和学习的基本要素，即课程、教学指导、评估。只有三者相互对应，才能稳固，保证评估的质量。可以这样理解：教师首先要确保学生所需知识与技能的计划安排（即课程）是真正体现在了实际课堂教学中（即教学指导），这样学生才能够完成预期学习目标。然后，教师再对现学内容的掌握情况进行考查（即评估）以便安排下一轮的教学计划。这个基本原则可以从图 3.1 中的等式关系看出，我们时常将其简化为课程（C）＝教学指导（I）＝评估（A）。

我们再用一个例子来进一步说明定位原则。卡希尔女士是一位数学教师。她正在教小学 5 年级的学生如何画线型图和枝叶图。她的目

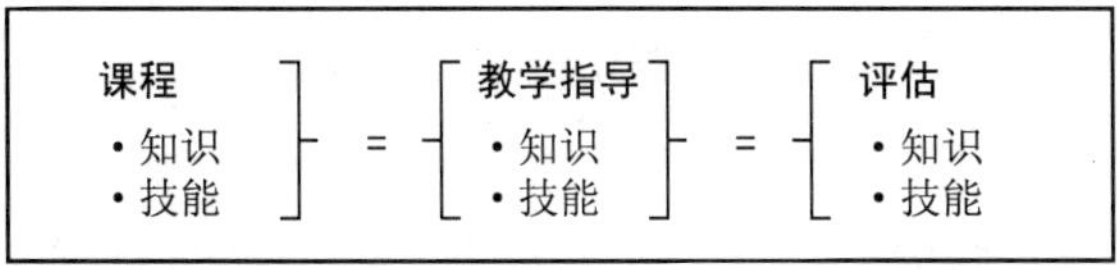

图 3.1　课程、教学指导、评估三者定位等式

标是通过 4 天的课堂教学活动，教会学生们如何识别、理解和动手描绘这两种图形。相关课程结束后，卡希尔老师给学生进行了一场考试，而试卷是另一位老师好心相助提供的。这份出自他人之手的试卷包含了一系列线型图和饼状图，旨在让学生用来回答相关的选择题。这个例子中，教师的教学（I）与学生要达到的预期学习目标（C）是一致的，但是评估（A）却不符合，因为试题不仅没有考查计划中的枝叶图，而且所考的饼状图并不属于课程的要求，也没有出现在实际教学中。此外，从题型来看，选择题考核了学生对线型图的读图与识图能力，却不涉及课程要求的绘图能力（当然，使实际情况更加糟糕的在于考试完全忽略了对有关枝叶图所有能力的考查）。这个案例的 CIA 等式可以表现为：课程＝教学指导≠评估。

类似于这位 5 年级数学教师的案例在日常教学中十分常见。课程、教学指导和评估方式三者之间的定位关系时常被忽视，有时较为轻微，有时则非常严重。暂且不说作为教师的经历，你也许可以记起自己学生时代的例子：例如课堂教学跟你对课程目标的理解有出入（教学指导≠课程），又或者是教师上课教的知识和技能与考试内容无关（教学指导≠评估），这些情况都有悖于我们的教学目的。本书的重点并非教学，而是讨论如何避免“评估≠课程”的情况，以及如何最大限度地提高“评估＝课程”的概率。

设计评估的七个步骤

“课程＝教学指导＝评估”的定位原则在设计和开展课堂评估中是一块很好的指路牌，在关键时刻告诉教师们该教什么，如何教，以及如何考查学生的学习情况。当然，也有一些非常实用、具体的方法来确保课堂教学和预期学习目标之间的一致性，以提高评估的效度和信度。本章将主要介绍评估设计的七个关键步骤，让评估能在一定合理程度上达到有效和可靠（见图 3.2）。

- 步骤 1：分解学习目标
- 步骤 2：制作目标细化表
- 步骤 3：明确评估目的和客观环境
- 步骤 4：明确评估题目类型或活动类型
- 步骤 5：明确试题数量及分值
- 步骤 6：创建并选择有效且可靠的试题
- 步骤 7：整合评估

图 3.2　设计评估的七个步骤

步骤 1：分解学习目标

我们设计一份评估的目标在于确保评估与课程之间相符，即“评估＝课程”。这意味着，在还没有开始对课程所要求的学习目标进行深入、充分的了解之前，我们都不能开展评估的设计。

就目前的基础教育而言，我们可以从全美国各州的学习目标要求着手分析。现在，全美国 50 个州都对核心科目设定了相应的内容标准。这些标准的制定大都是由全国权威组织来操刀，例如全国英语教师委员会（NCTE）、全国数学教师委员会（NCTM）等。除此之外，大部分州对阅读或语言艺术和数学科目的标准都是根据国家共同核心学习标准制定的，这标志着我们向全国课程的统一化又迈进了一步

(NGA & CCSSO，2010)。尽管这些州都参与了国家标准的开发与建设，然而2012年的调查显示，并非所有州的标准都按科目或成绩段来划分。就全国范围而言，仅有33个州对英语或语言艺术学科的标准做了详细说明，针对数学的31个州，针对自然科学的26个州，社会科学则仅有26个州（教育周研究中心，2014)。由此可见，更多学校只是为了让学生在高风险考试中有机会拿好成绩而根据国家统一标准来制定自己的课程标准。这些学校仅仅在国家标准的基础上根据不同难易程度划分出了一系列课程，就成了所谓的课程标准。

以上我们了解了学校如何将国家标准转变成自己的教学大纲和课程标准。但是本书关注的并非标准建设或者大纲发展，而是提高课堂评估质量。在此前描述的宏观体系下，教师们使用各自学校的教学计划，按照单元和学科所需来制定课堂教学所对应的学习成果或目标。总而言之，指导每日课堂教学和课堂评估的预期学习目标，都是源于国家和州立标准却又最终由每一个教师单独制定而成的。

再次重申，要保证课堂评估的效度和信度，教师必须首先充分了解学习目标。要做到这点，比较有效的方法就是对学习目标进行分解(Anderson & Krathwohl，2001；Chappuis，2014；Jackson，2009；Marzano，2013；Lemov，2010)。“分解”通常是指为了明确考试对知识内容和认知层所做的要求，而对现有的课程内容和目标进行进一步细化、明确的过程。需要清楚各年级、学期、班级、科目的教学内容，以及这些内容对学生的认知要求。分解预期学习目标有时也称作解构或者展开学习目标。

在分解预期学习目标时，我们究竟在分解什么呢？每一项目标包括两个基本元素，即知识内容和认知行为。对学习目标进行分解是为了让教师对每一节课所涉及的课程标准中的知识内容及认知能力有更清晰和更深刻的认识。下面我们将更细致地来讨论这两个基本元素。

知识内容

教师们对知识内容都比较精通。实际上，每当问起“这周你教什么”时，他们一般会用内容来回答。数学教师可能会说“我在教分数”，英语教师会说“我在教《罗密欧与朱丽叶》”，历史教师会说“我在教爵士时代”。这些回答都关乎内容。这没有什么不妥，我们只不过想指出这一现象，就是大多数教师最关注的是知识内容。

很多教师会把知识内容视同于他们所教的科目。但是，学习目标分解的意义就在于将这些内容尽量地明细化和清晰化。鉴于此，我们可以将内容分为三个不同的层次：显性知识、隐性知识和条件知识。这样，某一标准或预期学习目标所对应的学科知识点就属于显性知识，因为这在学科标准中清晰可见。然而所有的知识都是相关相连，而非孤立存在的，学习就是一个通过不断吸收新知识，并将其转化为已知的过程；换句话说就是，学生如果要对某个主题做进一步或者更深层次的学习，通常需要首先积累一定的先前知识。因此，在分解一个课程标准时，教师也必须认识到这种隐性知识的存在，即学生在学习新内容之前应具备的、能够让他们学习显性知识的已知知识。最后，学习目标涉及的内容还时常是根据具体情况或条件而定的，譬如需要提前阅读的材料或者理解知识所必须具备的情境。这种知识能帮助学生更加有效地学习显性知识，我们称其为“条件知识”。总体而言，大多预期学习成果（以及标准和学习目标）都具备这三个层面的知识：

1. 显性知识：在学习目标的要求中明确指出的内容；
2. 隐性知识：为学习显性知识而具备的先前的知识和技能；
3. 条件知识：在学习显性知识的过程中，由具体学习环境、情境或材料所产生的新知识。

下面，我们通过图 3.3 中的小学数学案例来了解内容分解的具体操作。这个案例是根据《共同核心标准》(Common Core Standards)(NGA & CCSSO，2010)所要求的学期目标编写的。

> 学生能够将估算策略应用于真实情境，并能对自己的策略选择做合理解释，根据实际情况来判断估算结果的合理程度。
>
> **学习目标的内容分层：**
> - ◆ 显性知识：不同的估算策略，计算的合理性
> - ◆ 隐性知识：四舍五入、加法、减法、乘法、除法
> - ◆ 条件知识：真实情况的处理，假设问题的处理

图 3.3 学习目标的内容分解示例

我们在对知识层面进行分解时可以从以下几个关键问题入手：预期学习目标究竟是指什么内容？学习这些内容需要提前具备什么知识或技能？学习这些内容的环境需要达到哪些条件？分解方法简单、实用，我们建议采用画线的方式标示出预期学习目标中涉及的相关知识内容，就像图 3.3 那样。回到图 3.3 的案例，我们可以就学习目标涉及的知识层提出三个问题：

1. 预期学习目标包括了哪些显性知识？上述案例中，预期学习目标涉及的显性知识包括估算策略以及估算结果的合理性。

2. 学习这些内容需要提前具备什么知识或技能？为了使用估算策略，学生需要对数字进行四舍五入，以及进行简单的数学计算，例如加减乘除。这些都属于能够让学生判断计算结果合理性的预备知识和技能。

3. 学习以上显性知识需要什么环境、内容或材料？就以上案例中的标准而言，学生们必须利用反映现实世界的虚拟情境来展示他们的计算能力。这是一个针对学生如何展示他们所学知识和技能的条件，所以属于条件知识。

在设计有效且可靠的评估时，教师必须首先对知识内容有一个清

晰、明确的理解。充分了解显性、隐性和条件知识之间的细微差别是分解过程中重要的第一步，但是仅仅这一步是不够的，教师们还必须充分了解对认知需求水平的要求。

认知需求水平

人类的行为和学习都属于极为复杂的概念，因此任何对它们进行的界定或归纳都显得苍白无力。尽管如此，一种较为有效的界定方法就是将学习看作是人类行为的一种，然后将这种行为按照不同的领域进行分类。就学习行为而言，被广泛接受的分类方法是将学习按照三个不同领域划分：认知领域、动作技能领域、情感领域。

三个领域同等重要。“认知领域”包括对新知识和技能的思考和学习；“动作技能领域”关注知觉和动觉能力；“情感领域”指价值观以及根据这些价值观所做出的判断。

在基础教育阶段，认知能力是最重要的。然而，比较棘手的是我们无法“看见”一个人的所思所想。因此，早在半个世纪前，本杰明·布鲁姆和他的同事们（Bloom，Engelhart，Furst，Hill，& Krathwohol，1956）就发明了一种方法，通过观察学生的外在行为来推导他们的认知水平。这个方法被称作“布鲁姆教育目标分类法”，或简称“布鲁姆分类法”。

想必大多数教师对这一分类法都比较熟悉。安德森（Anderson）与克拉斯沃尔（Krathwohl）（2001）对原模型进行了调整；韦伯（Webb）及其同事（2005）还在布鲁姆分类法的基础上提出了“知识深度框架”。经验告诉我们，这些方案在分解学习目标方面都具有一定的可行性，最重要的还是需要学校结合自身实际情况来选择最适合的方式，然后组织教师和教学负责人统一执行，这样教师们才会对模型具有统一的认识和描述。我们倾向于安德森与克拉斯沃尔修改后的分类法。出版于2001年的《学习、教学、评估分类法：布鲁姆教育目标分类法修订》（*A Taxonomy for Learning*，*Teaching*，*and Assessing*：*A Revi-*

sion of Bloom's Taxonomy of Educational Objectives）一书中，作者安德森和克拉斯沃尔在对认知层作了更细致的解释的同时，也对原分类法进行了重新命名和排序，使其用起来更直观、方便，为教师和教学负责人提供了丰富的资源。我们向所有教职员工强烈推荐此书。图 3.4 为修订后的布鲁姆教育目标分类法的删节版。

认知层次	描　述 （在布鲁姆分类法中，这一层次重点关注……）	认知行为举例		
记忆	对长期记忆储存的知识、术语或其他特殊事物的回忆	数数、界定、描述、绘图、发现	识别、标示、列表、定位、命名	回忆、背诵、记录、说明、讲述
领会	从各种沟通形式（口头、笔头或绘图）中理解并建构意义	分类、描述、讨论、举例、说明	推断、识别、解读、概述、改述	再现、重申、概括、讲述、翻译
应用	将一套程序规则应用于一本小说或者一个具体情况的分析	执行、分类、计算、演示、判定	绘图、履行、举例、实施、准备	筛选、展示、解决、迁移、应用
分析	把一个整体分解成各个部分，弄清各部分之间的内在关系及与整体目的或结构的关系	分析、分解、归类、描述特性、比较	对比、解构、区分、辨出、辨别	检查、推导、调查、关联、分离
评价	按照既定的标准进行价值判断，以及对判断做出合理解释	辩论、评价、选择、总结、批判	决定、评估、判断、证明、预测	优先、证实、排序、定级、筛选
综合	对各个组成部分进行加工，形成一个新的整体；对各个要素进行整合，组成一个新的结构	适应、创造、设计、开发、构想	想象、整合、发明、创造、改造	完成、计划、预测、制作、提议

图 3.4　布鲁姆教育目标分类法删节版

布鲁姆分类法修订版由低到高包括六个层次：记忆、领会、应用、分析、评价、综合。图 3.4 第二栏是对每个层次的简要描述，最后一栏为认知行为实例。描述认知行为的均是动词，说明了其可视性以及与认知水平的关联性。譬如，以下三种学习目标同属于语言艺术科目，它们之间有什么区别？这个区别又有何重要性？

1. 学生能够列出故事的五个元素。

2. 学生能够解释故事的五个元素。

3. 学生能够区分故事的五个元素。

显然，三个学习目标的不同之处在于动词，即认知行为不同。尽管涉及的知识内容是一致的（故事的五个元素），每个结果对认知的需求水平不同。我们可以采用布鲁姆分类法来进一步明确它们之间的区别：第一个认知目标属于记忆，学生通过回忆把故事的五个元素列出来；第二个涉及领会，考核学生能否解释相关内容；第三个目标属于分析，即学生不仅需要区分五个元素，还要根据故事整体结构推导元素之间的关系。

另举一个例子，让我们回到此前提到的学习目标内容的分解案例。同样以小学数学为例（见下图 3.5），原有学习目标已经画了下划线。为了完善这一分解步骤，我们圈出了相关的认知行为指示词，并且依据布鲁姆分类法找到了这些认知行为所对应的认知水平。课程标准中提到的三个动词帮助我们确定了这项学习目标涉及的相关认知行为，它们分别是“应用”“做合理解释”和“判断”。其中，“应用”指学生能够使用估算策略；“合理解释”说明学生能够合理解释自己所选的估算策略，属于评价型思考；“判断”要求学生通过运用（采用）某种手段来评价所选策略的合理性。可以看出，此案例中的数学知识要求学生达到认知行为的“应用”和“评价”两个层面。

学生能够将估算策略应用于真实情境，并能对自己的策略选择做合理解释，根据实际情况来判断估算结果的合理程度。

认知需求层次：

- ◆ 应用：应用层次
- ◆ 做合理解释：评价层次
- ◆ 判断：应用层次

图 3.5　学习目标的认知需求层次分解示例

再举一个例子。一位高中历史教师在教授二战后美国历史时，依照自己所在教学区的课程标准做了教学计划。课程标准对学习目标提出的要求如下：通过分析二战的海报及标语，学生能够推导并了解当时美国女性所面对的经济机遇发生了哪些改变。这位历史教师该如何分解以上的学习目标呢？在图 3.6 中，我们按照备课笔记的格式，进行了知识内容与认知行为的分解示范。可以看出，教师已经对知识内容画线，也将其划分为了显性、隐性和条件三种，同时也在表示认知行为的词汇上画了圈，并用布鲁姆分类法找到了对应的认知层。

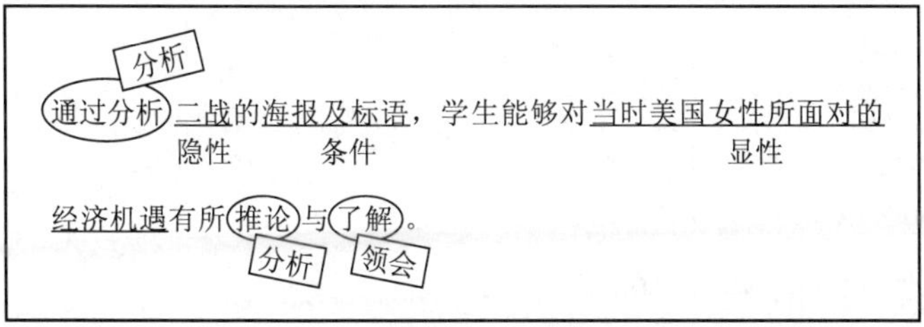

图 3.6　学习目标的知识内容和认知需求层次分解示例

当我们与课堂或者学校的教师们合作时，分解预期学习目标就是按照图 3.6 所示的方法。内容用下划线标明，并根据知识内容层次进行分类；认知行为用圆圈标明，并按照布鲁姆分类法归类。也有如图 3.7 那样更为细致的分解结构，可供教师团队参考。

上文已经提及，布鲁姆分类法能够对不同的认知行为进行合理划分。我们建议每一位参与教学的教师都熟练掌握此分类法。一项有关内容覆盖面对学习结果影响的研究提出，当教学涉及了知识内容与认知需求层次两个方面后，学生的学习发生了更多积极的改变(Gamoran, Porter, Smithson, & White, 1997)。当然，在使用如布鲁姆这样的认知分类法时需要谨慎，我们将一些注意事项归纳在图 3.8 中。

预期学习目标[①]	知识内容	认知需求层的提示动词	布鲁姆分类法
生理健康（小学） 通过对一则食品或保健品广告的讨论，学生能够分析文化、媒体、科技以及其他因素对健康带来的影响，并且能够辨识广告话语背后隐藏的信息。	显性知识 ◆ 文化、媒体、科技以及其他影响健康的因素 ◆ 广告话语及其背后隐藏的信息 隐性知识 ◆ 有关广告的知识，包括广告的目的 ◆ 对文化、媒体和科技的理解 条件知识 ◆ 食品或保健品广告	分析 讨论 辨识	分析 分析 领会
音乐（初中） 学生能够根据不同曲目的音乐形式，分析其所代表的流派、风格以及文化背景。	显性知识 ◆ 不同曲目中的音乐形式，包括其所代表的流派、风格以及文化背景 隐性知识 ◆ 对不同流派、风格以及文化的了解 条件知识 ◆ 不同曲目	分析	分析
烹饪艺术（高中） 学生能够根据时间管理原则，针对不同用餐情景，合理安排准备工作和烹饪事宜，并能够对自己的选择给予恰当的解释。	显性知识 ◆ 烹饪的时间管理原则 隐性知识 ◆ 安排准备工作及烹饪 条件知识 ◆ 用餐情景	选择 解释	评价 评价
经济学（高中） 学生能够使用基本经济学概念（例如供求关系、生产、分配和消费、劳动力、工资和资本、通货膨胀和通货紧缩、市场经济和计划经济），对本地、整个区域和全国范围内的经济情况做历时性分析和共时性分析。	显性知识 ◆ 基本经济学概念（例如供求关系，生产、分配和消费、劳动力、工资和资本、通货膨胀和通货紧缩、市场经济和计划经济） ◆ 本地、整个区域和全国在不同时期内的经济情况和当前的经济情况 隐性知识 ◆ 对不同经济类型的了解 条件知识 ◆ 使用基本的经济学概念	使用 比较 对比	应用 分析 分析

图 3.7　学习目标分解细化表示例

---

① 预期学习目标是根据内华达州、加利福尼亚州、弗吉尼亚州和威斯康星州的课程标准整理而成。

本杰明·布鲁姆与他的同事们（1956）通过观察和分类，为教育从业者提供了一种学生思考“可视化”的方法。凡是学会这种方法的教师都可以有效解决教学方法和评估与预期学习目标之间的对应问题；然而，使用这个分类法时也需要谨慎。

◆ **并不是所有标准和目标都能按字面意思来理解，因为不同的词在不同语境中会有不同的含义。**举一个例子，某一学习目标写着：学生能够辨识作品中的叙事者。根据学生的年龄，查找出课程标准中纵向所指的点（即基础教育阶段中的某个年级），再结合这一学习目标的本质，此句中的“辨识”可以有很多含义，可以属于“领会”“应用”或者“分析”三种中的任何一种。例如，“辨识”可能是解释何为叙事者（“领会”层次）。对于一个刚刚掌握“叙事者”这一概念的孩子而言，阅读故事并找出其叙事者可能属于“应用”层次。然而，对于一个正在上大学预修课的学生来说，已经开始训练批判性阅读，并且读了一些具有复杂的叙事结构的作品，例如《尤利西斯》《我弥留之际》《少年派的奇幻漂流》，所以“辨识”可能涉及“分析”或者“评价”层次。

这一现象对教师们提出的要求就是，清楚了解学生的发展特征、课程标准所涵盖的知识点以及对应的年龄阶段，深入了解本学科的知识建构。

◆ **认知行为在本质上没有优劣等级之分。**布鲁姆分类法经常以具有等级性的阶梯或金字塔图形展现，暗示着人类必须在记忆之后才能领会，或者在领会之后才能应用。当然，领会之前需要有一定知识的记忆积累，而应用之前也需要具备领会能力。无可否认，拥有坚固的基础知识积累能更有效和娴熟地执行高级认知行为，但事实上，人类任何认知行为都涉及在不同的认知层之间上下移动。我们来看一则案例，这是一门自然科学课的具体学习目标：“学生能够通过观察、记录、分析和分类来了解不同类型的云（即卷云、层云、积云、积雨云）。”此目标提出了一个假设，即学生一旦使用了观察、分析和归类这些高级认知行为后，便能学会如何了解不同类型的云的特性。换言之，这一假设告诉我们分析先于领悟。我们习惯性地认为布鲁姆分类法是将认知层按照由易（例如记忆）到难（例如批判）来排列的，但是这并不意味着我们在知识储备尚未充足之前不能从事更为复杂的认知行为。

这一现象对教师们提出的要求就是，懂得如何将学生在批判性思考、辩论、创造方面的内在能力和兴趣爱好用作教学工具来帮助学生学习真理、理解概念和熟悉程序。

◆ **布鲁姆分类法并不是唯一用来划分认知行为的方法。**事实上，教育家、心理学家、认知科学家和其他科研人员已经提出大量的体系和方法来对认知行为进行归类、理解和应用。在教学领域，布鲁姆分类法（1956）是众多分类法中最受认可的。上文提到，我们比较倾向于安德森与克拉斯沃尔（2001）在布鲁姆分类法基础上提出的修订版本，但是我们在本书中并未完整介绍此框架及其应用。他们的分类最显著的地方在于，除了将知识分为事实、概念、过程和超认知四个方面之外，还提出了19种认知过程（并按照六种认知层次进行了归类）。其他相关认知框架研究包括韦伯和他的同事们（2005）提出的“知识深度框架”“学科课程制定框架调查”（见布兰克［Blank］2002年用于数学的早期案例的讨论）、比格斯（Biggs）和科里斯（Collis）（1982）开发的“分类评价法框架”(SOLO)。我们可以通过很多例子来说明各种分类法的优劣势，但这并非本书主旨所在。

这一现象对教师以及教育机构的教学负责人(校级或区级)提出的要求是，制定统一的认知分类框架，并使用同一套语言描述体系来安排课程标准、教学指导以及评估考试。

◆ 布鲁姆分类法仅是针对认知领域，不涉及人类的情感和动作技能领域。 本书虽然只关注学习的认知方面，但**情感和动作技能**这两个领域也同等重要。例如，我们希望学生能够在阅读的同时学会如何享受阅读；我们希望学生能够在对艺术作品进行分类的同时也懂得如何欣赏艺术。欣赏和享受同为情感行为。情感领域涉及我们教育目标中十分重要却又往往被忽略的方面，例如好奇心、爱国主义等。情感行为产生的价值观和信念可以帮助学生适应往后的社会工作和生活，这正是我们学校教育的核心所在。然而，要对这样的预期结果进行客观的评估绝非易事，甚至不可能实现。动作技能知识也十分重要。为了书写，学生必须懂得如何握笔，并熟练地操控笔杆。其他动作技能知识包括懂得如何用车床来加工木头、使用量勺或量杯、使用显微镜、使用键盘打字等等。所以，虽然本书关注的是布鲁姆对认知行为的研究，但是其他针对情感行为和动作技能行为的相关研究也同样重要。学生在学校所学的知识和技能同样涉及了这两个领域，只不过因为它们不能通过纸笔考试的方式来评估，所以本书并没有对这类学习成果开展讨论。

这一现象对教师以及学校的教学负责人提出的要求是，谨记认知、情感和动作技能三个领域对于学生的学习和个人发展同等重要，所以在教学中需要平衡三者的关系。

图 3.8　认知分类法操作注意事项

分解教学单元

分解学习目标是实现有效评估的第一步。目前已有不少从事评估的专业人士提出：不能过分夸大分解的重要性。他们包括评估理论家(例如 Anderson & Krathwohl, 2001; Bloom et al., 1956)、研究者(例如 Blank, 2002; Marzano, 2003; Schmidt, McKnight, Houang, Wang, Wiley, Cogan, & Wolfe, 2001)、测评专业组织(例如 Kahl, Hofman, & Bryan, 2013)、教育学者(例如 Schmoker, 2006; Wagner, 2008)、测评开发人员(例如 Stiggins, Arter, Chappuis, & Chappuis, 2006)以及业内人士(例如 Ferriter, 2009; Jackson, 2009)。但是，分解远远不止这么简单。

在以上案例中，我们分解的学习目标大都脱离了真实语境，这样做有利于详细展示分解过程，但缺乏真实性。一般来说，教师需要将庞大的课程标准按照教学单元一块一块地细化。所以，我们的分解对象实际上是每一个教学单元所要达到的学习目标，而不是一个个孤立、毫无关联的学习成果（见图 3.8 的第一点）。下面，我们来看一则真实的目标分解案例。

菲莉丝·范勒穆是小学 5 年级的教师。她下一个单元的教学任务是讲授生命科学中的有机体及其分类。她所在的教学区根据本州的课程标准制定了针对 5 年级的学习目标。范勒穆老师按照自己教学区的课程进度指南，找出相应的教学单元，计算出了所需课时数。图 3.9 列出了与本单元相关的学习目标，以及每个目标所需课时数的比例。

学生能够：

1. 对有机物的特征和活动进行比较和对比。（大约 50%教学课时）
   (a) 根据外在特征对有机物进行分类。
   (b) 根据特征的相似和不同，将有机物按照等级排列。
   (c) 根据不同的界，对有机物品种进行归类，并且给出明确的理由证明生物界的数量会根据情况而改变这一现象。
2. 解释动植物的双名命名法。（大约 30%教学课时）
3. 识别并举例说明主要动物门。（大约 10%教学课时）
4. 识别并举例说明主要植物门。（大约 10%教学课时）

图 3.9　5 年级生命科学课教学单元学习目标示例

范勒穆老师已经清晰把握了本单元在整个课程安排中的重要性。那就是，如何将这个单元涉及的有机物分类和命名体系与接下来 5 年级要掌握的知识相关联，还有 6 年级的科学通论、7 年级的生命科学和高中的生物学。范勒穆老师已经意识到了本单元在整个学科教育过程中的上下语境，并且在计划和分解学习目标时也注意到了。

范勒穆老师的分解过程正如图 3.10 所示。为了更加清晰地展示操作过程，她在知识内容部分画了下划线。在这个例子中，她没有区分显性、隐性和条件知识，但对认知行为进行了分解，以及按照布鲁姆分类法标明了相应的认知层次，这是目标分解过程中至关重要的环节。

我们最后就单元分解提出一些注意事项。首先，也许你已经发现，

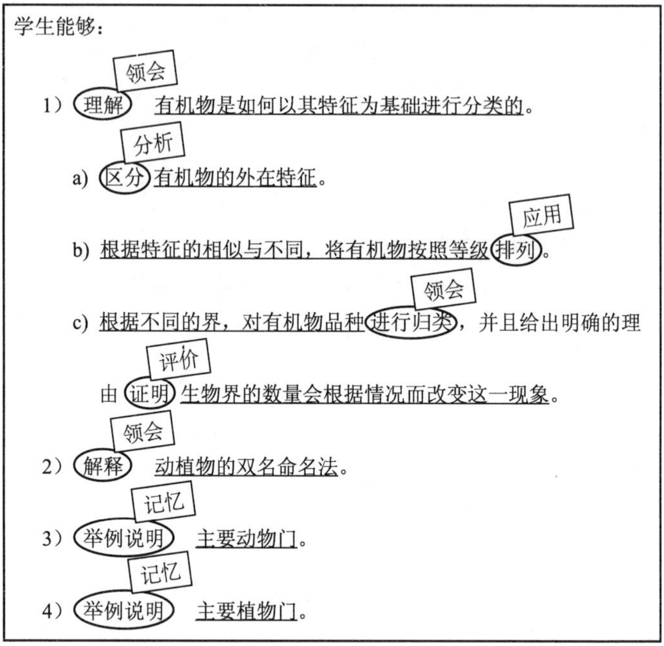

图 3.10　5 年级生命科学课教学单元分解示例

根据范勒穆老师的分解方法，这一单元的目标涉及了五至六个认知层，却没有达到最高层综合。这样的分化方式并没有太大问题，毕竟知识内容与认知层是根据课程标准涉及的范围、排序、发展合理度等因素来制定的。再次重申，本书并非关于课程标准的完善，所以希望读者将目光锁定在我们正在讨论的案例上。

其次，一套完整的学习目标细化表可以帮助我们更准确地解读某些认知行为。例如，图 3.10 中 1（c）第二部分出现的动词“证明”似乎暗示着“应用”或“综合”认知层，然而目标中同时也提到“给出明确的理由”，由此可以推断“证明”指的是学生能够“论证”或者“辩论”他们的观点。这属于“评价”层次。

第三，分解学习目标完全是根据教师个人的学科专业知识以及合理判断，因此我们时常看见教师之间为了分解学习目标而激烈辩论。如果你不同意范勒穆老师的分解方式，而恰好又与她一起负责同一个班的教学任务，那么你们就需要商讨甚至辩论，就这一单元的学习目标达成共识。目前而言，我们希望通过图 3.10 的例子来展示如何分解教学单元，以及说明分解的重要性——分解的对象不应该是一个个孤立的学习目标或者标准，而应是整个单元的教学。

步骤 2：制作目标细化表

我们在本章开始用了汽车悬架系统来打比方，强调统一课程、教学指导和评估三者的重要性。尽管使用比喻有一定风险，但为了清楚描述问题，我们将把有效评估的第二步比喻成房屋设计。在建房前，建筑师首先会设计一张蓝图，以确保建成后的房子会拥有与预期计划一样的功能和特征。简而言之，房屋设计蓝图采用的是二维视角来创建三维结构。创建评估同样需要这样的一份蓝图，即目标细化表。“目标细化表”通过图形或表格的形式，将知识内容和认知需求进行细化，并连同测试项目的种类和重点一起陈列出来，以便教师和研究者参考。实际上，目标细化表在评估界时常被称作“评估蓝图”（Hogan，2007）。

目标细化表对于评估的效度和信度都很重要。前面提到过，效度意味着能够根据评估结果对学生学习现状做出一些合理推测。目标细化表能够确保评估是针对课程所要求的学习目标而设计的。此外，我们从上文有关分解预期学习目标的说明可以知道，课程与评估之间的吻合程度不仅对目标涉及的知识内容十分必要，而且对于认知行为也是不可缺少的。

一份评估要能够有效地避免误差源，提供可靠的测量结果，这就是信度。目标细化表能够确保一份评估在题目数量上的合理性，以确保可靠的结果并非源于偶然。当然，这只是提升潜在信度的方法之一，其他方法还包括严格控制误差对测量结果造成的影响。

创建目标细化表的第一步是将学习目标细化，并转移到一个表格或某种图表中，以清晰展现目标与知识和认知层的关联情况。在此基础上，再思考这一单元中的学习目标之间，哪一项更重要，需要多强调。下面，我们通过一个例子来看看如何通过创建目标细化表来指导课堂评估的设计。

将学习目标图表化

范勒穆老师已经对 5 年级的生命科学课相关单元进行了学习目标的分解，单元内容是动植物界。现在，她要准备制作目标细化表了。图 3.11 是目标细化表的模板。读者应该不会对第一行的标题感到陌生，它们与分解图表相似：最左边的一列为“知识内容”，其余的六列则是布鲁姆“认知需求层次”。

现在，范勒穆老师将她整理出来的学习目标一一填入表格中，单元涉及的知识点都放在表格的最左侧，然后在知识点对应的认知层下面打上钩。(我们之后就会讲如何打钩做标记。)。她同时也在认知需求层次对应的表格中注明了具体的认知行为。

________________的目标细化表　　　　年级________

(课程单元名称)

知识内容	认知需求层次					
	记忆	领会	应用	分析	评价	综合

图 3.11　目标细化表模板

正如图 3.12 所示（范勒穆老师为动植物界这一单元制作的目标细化表），表格将学习目标分为“知识内容”和“认知需求层次”两个方面，这样可以让一个单元涉及的所有学习目标清晰可见，简洁却又全面。表格清晰标明了什么该考查（即知识内容与认知层次的交叉点）和什么不该考查（即知识内容没有与认知层次发生交叉的）。而认知行为的细化又提醒了出题者，在“领会”层次中其实包括了三种不同的认知行为，即理解、归类、解释。对于出题者而言，研究这些行为之间的不同点意义重大，它们决定了每一项学习目标该采用什么类型的题目和活动来进行评估。鉴于此，我们应把目标细化表视为设计和创建单元评估的蓝图。

动植物界的目标细化表　　　　　　　　　　年级　5 年级
（课程单元名称）

知识内容	认知需求层次					
	记忆	领会	应用	分析	评价	综合
有机物的特征是有机物分类的基础		√+ 理解				
有机物的外在特征				√+ 区分		
有机物按照其特征的相似与不同的等级分化			√+ 梳理			
来自不同界的有机物品种的典型代表，以及生物界的数量会根据情况而改变这一现象		√+ 归类			√ 证明	
动植物的双名命名法		√ 解释				
主要动物门	√ 命名					
主要植物门	√ 命名					

图 3.12　5 年级生命科学课教学单元目标细化表示例

突显相对重要性

制作目标细化表应注意的另一因素就是目标之间的相对重要性。这一步的必要性在于，每一教学单元中总有一些预期学习目标相对于另一些更为重要，所以在制作细化表时也应该体现这种差异性。

让我们再次回到5年级生命科学课的例子。范勒穆老师在她制作的目标细化表中使用了钩加符号（√+），在相对重要的学习目标前面作了标记。如图3.12所示，她根据自己的判断，将8个目标中的一半都标为“重要”级别。就这个案例而言，这些相对更重要的学习目标包括“领会”“应用”和“分析”层次，但是这并不意味着其他目标不重要。实际上，正是因为突显了认知层之间的相对重要性，范勒穆老师才能确保学生在这个单元的学习中持续不断地建构这些相对重要的知识与技能（Wiggins & McTighe，2005）。

那么，教师们该如何判断学习目标中的重点呢？以下列出了一些思路供各位读者参考。具体而言，一位教师可以：

◆ 思考教学单元中最具持久性的知识和核心技能是什么，可以参考如《追求理解的教学设计》(*Understanding by Design*)（Wiggins & McTighe，2005）一书中所示的那种教学设计流程来进行操作。

◆ 针对同一科目在不同年级的科目纵向衔接，思考哪些内容和（或）技能属于整个知识框架的重要基石，即同一科目在不同学期和年级所要求达到的学习目标分层情况（Porter，2002）。（在范勒穆老师的例子中，她知道5年级所学的科学命名法，对6年级的科学通论、7年级的生命科学，甚至高中的生物学都很重要。）

◆ 针对同一年级各项科目的科目水平衔接，思考哪些内容和（或）技能因与其他学科关联而具有跨学科性。这种跨学科关联性可以帮助提高教学效率，以及更有效地完成更高层次的跨学科学习目标，例如模式识别、关系建立、符号化表达、问题解决和推理。（注意范勒穆老师是如何强调“区分”“整理”“归类”三种认知行为的。）

◆ 思考每项学习目标所需的教学时数。有些教学区已经在课程标准中对此做出了相应要求。（注意，图 3.9 中的范勒穆老师计划采用探究法来教授相应的知识和技能，所以她推测前四个学习目标需要花去大概 50%的课时。）

◆ 查看该科目的考试蓝图是否要求学生参加任何外部标准化测试（即高风险测试），并判断考核目标之间的相对重要性。（这种方法比较实际，但是范勒穆老师也必须注意此前第一章提及的缩减课程教学内容这一现象。教师们应尽量避免自己安排的教学内容和方式被外部评估干扰。）

在判断某一单元中学习目标之间的相对重要性时，教师们通常会综合使用以上策略。读者也许已经发现，判断目标重点实际上与教师的课程决策密切相关，即确定一套清晰、深入的预期学习目标。对此，我们提倡教学团队共同讨论。这种方式不仅可以确保制定的课程计划更加严谨，使课程与教学的关联性更强，而且还能够提高学生完成目标的概率（Marzano，2003）。

同时需要注意的是，本书标示相对重要性所采用的打钩符号（√）和钩加符号（√＋）仅是多种标示方式中的两种。我们发现一些教师更喜欢使用自己独特的标示方式。以下列举了一些符号系统供读者参考：

◆ 可以采用 H/M/L 来分别标示重要性的高、中、低三种程度。

◆ 可以采用百分比形式（例如50%、25%、10%）来标示学习目标重要性所占的比例。

无论采用哪种系统，都须清楚标明学习目标之间的相对重要性。（我们发现甚至有教师采用了笑脸符号……毫不夸张！☺）

目标细化表的意义

在我们的亲身经历中，目标细化表的制定和使用给教师们在设计和开展自己的课堂评估时提供了一种实际可行的方法。另外，目标细化表还可以有效地提高试题质量，从而强化评估在教与学之中的重要性。

在第二章中我们提到了内容效度或者样本效度。样本效度是指学习目标在评估试题中所占的比例。譬如，如果范勒穆老师设计的生命科学试卷中，有一半是关于命名的内容（其学习目标中的最后两项），那么这套试题的样本效度则非常低。原因是，她对重要性最低的两项学习目标进行了过度采样，这也就导致了其他几项重要性较高的学习目标采样不足。为了避免这种情况发生，教师可以使用目标细化表来指导试题的设计。

据我们所知，大多数教师对目标细化表这一概念还比较陌生。哪怕是了解目标细化表的教师，也只是将其视为标准化考试要求的教学大纲。我们发现，只要教师学会了自己创建目标细化表，并合理采用目标细化表来帮助自己设计评估，便会产生可靠、有效的评估结果。有学者提出，根据目标细化表设计的评估，能够更有效地与高风险的绩效责任制措施及其结果保持一致（Notar，Zuelke，Wilson，& Yunker，2004）。更重要的是，目标细化表通过二维蓝图的方式，将一切可视化，从而更加有效地实现课程、教学指导、评估三者之间的对接。可以说，目标细化表是确保“C=I=A”的有效手段。

步骤 3：明确评估目的和客观环境

步骤 1 指出评估设计需要首先清楚所评内容，特别是要分解和细化每个单元的学习目标所对应的知识内容和认知层次。步骤 2 介绍了作为评估设计蓝图的目标细化表这一概念。步骤 3 要求教师们清晰认识评估的目的以及开展评估的环境。其实，这里所谓的第三个步骤实为第一步，然而考虑到学习目标这一概念尤其重要，是推动整个评估设计的关键点，我们决定还是将目标分解安排在首要位置来讲解。无论怎样，在创建评估以前，教师们都需要考虑几个有关目的和环境的基本问题：

1. 你为什么要对学生的学习情况进行评估？
2. 你准备选择什么时间进行评估？
3. 你准备选择什么地点进行评估？
4. 你会在什么环境下评估学生？

现在我们将以上问题分成两个部分来详细探讨。

为何评估？何时评估？

第一章已经提到评估有三种用途：一是为了对学生的知识和能力情况有个初步了解（课前评估）；二是为了掌握学生的课程学习情况，为课堂教学提供指引（上课过程中的形成性评估）；三是为了对学生在一段时间内的学习情况和特征进行总结，并将结果示于他人（课程结束后的总结性评估）。只有明确了为何评估（以及何时进行评估），我们才能对如何评估更加清晰明了。例如，与形成性评估相比，总结性评估覆盖的预期学习目标一般会更加全面，但是形成性评估的结果对学生学习的影响力会更大一些。读者可以参考第一章的图 1.4 对几种不同评估的关键特征的介绍。此外，评估的目的也会影响评估的方式。

就本书而言，我们重点关注总结性评估的设计和使用，但是书中提出的设计原则和技巧对课前评估和形成性评估同样适用。本书第六章会就形成性评估稍做讨论。

在何地评估？评估的环境如何？

评估的实际地点和情境也会影响评估方式的选择。例如，一位英语教师也许想要对学生的口语能力进行考核，而评估这些技能最恰当、最可靠的方法就是让每一位学生在一群观众面前进行演讲，并采用公众演讲技能的评分标准对学生的表现进行打分。这种方法比那些考查演讲技巧的问答题或简答题更可靠。然而，这种评估方式在保证了评估可靠性的同时，却降低了效率，所以在选择评估形式时需要再三权衡。而教师时常会在决策过程中，被迫对以下特性进行取舍：

- 可行性
- 效率
- 客观性
- 广泛性
- 真实性

为了进一步探讨这一点，我们不妨考虑一下学生需要花多长时间来完成一份评估试题。评估的时长由评估的形式决定。一些项目型的评估也许需要花上一到两周，甚至是整个学期的时间，而笔头测试也许只需要一节课的时间便可完成，选择题则因耗时少而适用于那些时间紧凑的评估。另外，影响评估时长的另一个因素是课程教学需要花费的时间，所以很多教学区要求教师必须使用课程指南或者课程标准来安排教学任务。

回到 5 年级生命科学课的案例，范勒穆老师就她的课堂评估已经做了一些决定。首先，她准备用总结性评估的方式来考查学生是否完成了这门课的预期学习目标，评估结果将纳入这门课的平时成绩。同时，她还准备以完成型评估的形式开展课堂活动，帮助学生更清晰地了解自己的学习情况（即采用形成性评估）。受时间限制，范勒穆老师决定采取客观题来进行笔试，这样既提高了学生的做题效率，又加快了教师的评估速度。学生将会在她的课堂上完成这一评估。范勒穆老师还对评估的目的、时间、地点以及情境都做了一番仔细思考，这些都帮助她顺利完成评估的设计，从而最终获得了体现学生学习情况的有效数据。

步骤 4：明确评估题目类型或活动类型

接下来，教师们需要选择评估所含的题目类型。题型分为两种：选择反应式题型和建构反应式题型。“选择反应式题型”要求学生从多个选项中进行选择，这类题型包括判断题（例如真假、是非、事实或看法）、配对题和选择题。图 3.13 展示了根据可选项的多少排列而成的选择反应式题型连续体。最左边的判断题只会提供两个选项，而中间的配对题和最右边的选择题则需要对多于两个的选项做判断。配对题处于中间的位置，因为在做题过程中它的可选项数量会不断减少。

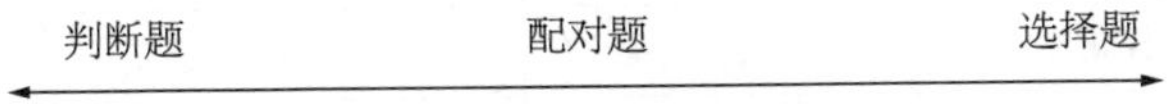

图 3.13　选择反应式题型种类

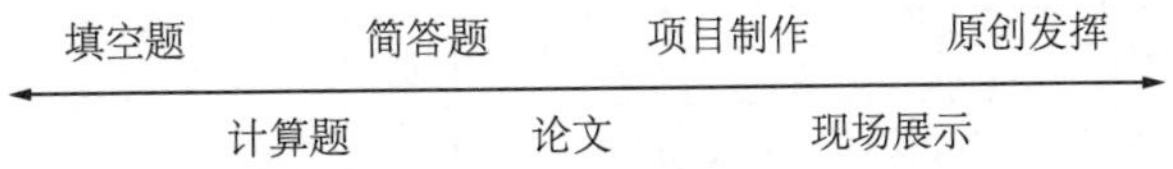

图 3.14　建构反应式题型种类和活动

“建构反应式题型”要求学生就问题作答，包括填空题、计算题、简答题和论文，另外还有一些持续时间长的单项活动，例如现场表演、项目制作和原创发挥。图 3.14 以同样的方式，展示了建构反应式题型的连续体：越往左的题型，其答案越趋同。换言之，尽管同学们的答案不尽相同，但是在图表中越靠左边的题型，只有一个标准答案的可能性就越高。相反，越往连续体右边的题型的答案就越发散，这意味着正确答案会更多样。

评估题目或活动的实用性和适当性

选择合适的评估题型需要考虑很多因素，例如评估的内容、认知需求的层次、评估的时长等等。我们暂且以时长为例。图 3.15 展示了一系列较为常见的题型，完成它们所需要花费的时间以及需要达到的认知层次（Notar et al.，2004）。这里需要提醒读者，在使用此图表时务必注意脚注的内容以及受评学生的年龄段。不过，最重要的还是考虑某些题型的实用价值，例如效率。众所周知，评估是通过采集一部分样本行为来说明更大的一个群体的现状，所以设计评估比较有效的着手点就在于思考题型一般所需的时长。

题型	大约所需时长	认知需求层次					
		记忆	领会	应用	分析	评价	综合
选择反应式							
判断题	15—30 秒	√	√	√			
配对题	60—90 秒[1]	√	√				
选择题	30—60 秒[2]	√	√	√	√		
建构反应式							
填空题	30 秒	√	√				
计算题	15—90 秒[3]	√	√	√			
简答题	1—5 分钟[4]	√	√	√	√	√	
论文	5—90 分钟[4]	√	√	√	√	√	√

1. 根据配对项目数而定。
2. 根据认知需求层次而定。
3. 根据演算过程的复杂程度而定。
4. 根据所考论题的综合性及写作形式的复杂程度而定。

图 3.15　根据认知需求层次与反应时长排列的题型种类

在步骤 3 中，我们提到了在设计评估题型或活动时需要考虑的五个因素：可行性、效率、客观性、广泛性、真实性。我们在此再做进一步的说明。广泛来讲，与建构反应式题型相比，选择反应式题型使用起来更加切实可行，让评估的执行和批改更高效，打分更客观。相比之下，建构反应式题型在反映复杂的预期学习目标方面会更全面和真实。大多数教师设计的建构反应式题型通常包括开放式数学题、简答题和命题论文，然而，此前提到过，建构反应式题型也可以是独立的评估活动。我们在图 3.16 中提供了一系列评估活动供读者参考。

评估活动与评估试题有何区别？基本上，它们的区别在于试题的开放性、数量和完成的时长。

所谓试题开放性，是指评估试题或者评估活动的发散性。例如，笔试一般包含是非判断、配对，甚至简答题等题型，其考核内容均关于概念的理解或技能的掌握，因此通常都有正确答案。甚至在简答题这类建构反应式题型中，正确答案也通常会是独一无二、客观具体的；即具有我们所谓的趋同性。

再举一个例子。美国历史考试中，通常会有一道简答题，要求学生辨认和解释导致美国内战的三个关键原因。这一题型属于建构反应式题型，然而它的试题开放性偏小——显而易见，这道题的正确答案只有一个，而且教师在考前就可以准备好标准答案。然而，在推测学生学习情况方面，仅这一类题型是不够的，需要纳入多种具有开放程度较低的题目来考核学生所学知识和技能。换言之，一套评估中会包含多种类型的题目，以便就学生的学习目标完成情况提供足够的样本。图 3.15 中提供的题型都可以在短时间内完成。在以上的案例中，所谓的“测试”实际上是多种题型的综合。

而评估活动在本质上是独立的。与评估试题相比，评估活动提供的样本更广泛，在知识和技能考核方面涵盖得更加全面。例如，科学课的实验操作练习，除了可以全方位地考核学生对相关知识、概念的理解之外，还能了解他们对探究和论证等技能的掌握情况。正因为这种评估活动的覆盖面广，其本身就可以作为一种评估方式，而无需纳入其他题型或者活动。换言之，这种评估活动本身的试题开放性已经超过了那些综合了多种题型的测试，但也需要更多的时间来完成。

那么，教师该如何在两种评估方式之间进行选择？我们从根本上遵循以下这条原则：最好的评估方式应该是最真实、最有效的，能够给每位学生公平的机会来展示他们在知识和认知方面的学习成果。因此，在为评估选择题型或者活动时，教师们应就可行性、效率、客观性、广泛性、真实性五个方面进行判断，并且有所取舍。例如，在低年级开展评估活动时，可行性这一因素较为重要；而高年级的教师则需要结合多种类型的试题和活动（例如：论文、实验、辩论），才能根据学生的学习情况获取足够且复杂的样本。

图 3.16　评估活动注解

制定单元评估计划表

让我们再次回到5年级的生命科学课。范勒穆老师决定在她的试卷中使用选择、配对和问答三种题型，原因是她认为这个组合可以考查学生是否按照预期目标的要求来执行某些具体的认知行为。同时，她认为这些题型适合相关内容的考核，并且能够让学生在要求的50分钟内有效地完成试卷，每天的生命科学课也是50分钟。范勒穆老师同时也发现，这套试题无法考核这个单元中有关“评价”认知层的相关学习目标。此外，根据她的目标细化表所示，培养学生在科学探究方面的能力以及给动植物命名的能力都是这个单元中相当重要的学习目标。在考虑这些因素后，范勒穆老师决定在笔试的基础上添加一项活动来完善自己对学生本单元学习情况的评估。

图3.17是范勒穆老师制作的单元评估计划表。“单元评估计划表”是目标细化表的另一种表现形式，教师可以在计划表中罗列出一个单元评估中涉及的所有互补的关键性评估，以确保考核覆盖整个单元要求的所有知识和技能。在范勒穆老师的评估计划表中，笔试（包含了选择题、配对题和问答题）涉及了学习目标中八种认知层次中的七种（从“记忆”到“分析”），此外还有一个独立的、基于学生课堂表现的评估方式，即“探究活动”，涵盖了本单元中四个较为重要的学习目标，同时还针对笔试所缺乏的“评价”层进行了考核。

单元评估计划表能够让教师更具策略性地思考如何将评估与单元教学合理结合。其最大的优势在于，可以让传统的笔试和以行动力见长的评估活动（例如范勒穆老师的“探究活动”）发挥互补作用，确保评估的平衡性。为了清楚说明课堂评估的原则，我们将继续以笔试为例，但同时读者也应该注意，我们在此谈及的这些原则同样适用于建构反应式评估以及那些耗时更长的、基于现场表现的评估方式。第五章将重点讨论这些评估类型。

动植物界的目标细化表　　　　　　　　　　　　　　年级 5年级
(课程单元名称)

知识内容	认知需求层次					
	记忆	领会	应用	分析	评价	综合
有机物的特征是有机物分类的基础		√+ 单元笔试 探究活动				
有机物的外在特征				√+ 单元笔试 探究活动		
有机物按照其特征的相似与不同的等级分化			√+ 单元笔试 探究活动			
来自不同界的有机物品种的典型代表，以及生物界的数量会根据情况而改变这一现象		√+ 单元笔试 探究活动			√ 探究活动	
动植物的双名命名法		√ 单元笔试				
主要动物门	√ 单元笔试					
主要植物门	√ 单元笔试					

图 3.17　5 年级生命科学课单元评估计划表示例

步骤 5：明确试题数量及分值

我们回到范勒穆老师的单元试题设计，她已经决定了采用哪些评估题型，现在她需要考虑这些题型的数量以及它们的相对分值。在确保评估（A）与课程（C）一致的情况下，范勒穆老师希望题型数量与其对应的分值之间保持一定的平衡。基于这样的考量，范勒穆老师将她的目标细化表制作成了图 3.18 的样子。

范勒穆老师的单元测试卷总共包括 33 道试题：14 道选择题、13 道配对题和 6 道简答题。在设计这么一套确保了题型与所考知识和认知层次之间对应性的评估中，范勒穆老师强化了评估的潜在效度；简而言之，她确保了“评估＝课程”这个等式的成立。（从此前有关单元评估计划的讨论中我们知道，单元评估计划表中的空白格子说明需要

动植物界的目标细化表　　　　　　　　　　　　　　　　　　　年级　5年级

知识内容	认知需求层次					
	记忆	领会	应用	分析	评价	综合
有机物的特征是有机物分类的基础		√＋ 理解 3 MC 2 SA				
有机物的外在特征				√＋ 分辨 8 Mtch 2 SA		
有机物按照其特征的相似与不同的等级分化			√＋ 梳理 3 MC			
来自不同界的有机物品种的典型代表，以及生物界的数量会根据情况而改变这一现象		√＋ 归类 5 Mtch			√ 证明	
动植物的双名命名法		√ 解释 2 SA				
主要动物门	√ 命名 4 MC					
主要植物门	√ 命名 4 MC					

MC=选择题　SA=简答题　Mtch=配对题

图 3.18　附题目类型的 5 年级生命科学课目标细化表示例

通过探究型学习活动来进行评估。）

同时需要注意，表格中每个空格之间也需保持一定的平衡。目标细化表中每个格子中的题型数量可以是 2 道题（针对第五项目标所安排的简答题）到 10 道题（包括 8 个选项的配对题）不等。此试题并未出现过度取样或者取样不足的现象。另外，通过确保每一项学习目标的考核至少涉及 2 道题，范勒穆教师还遵循第二章中提及的**重测信度**

的原则来加强了试题的潜在信度。

范勒穆老师还可以使用目标细化表来帮助她判断题目的分值。如果没有目标细化表，她也许只会这样考虑：既然整套试卷共 33 道题，每道题应占 3.33 分，加起来共 99.99 分，差不多刚好满分 100。然而，在使用目标细化表指引的情况下，她不再这样认为了，因为表格清晰地标明了不同学习目标的相对重要性。图 3.19 就是提示了题目分值的目标细化表。

动植物界的目标细化表　　　　年级 5年级

知识内容	认知需求层次					
	记忆	领会	应用	分析	评价	综合
有机物的特征是有机物分类的基础		√＋ 3 MC 每题3分 2 SA 每题8分	25%的分值			
有机物的外在特征				√＋ 8 Mtch 每题1分 2 SA 每题8分	25%的分值	
有机物按照其特征的相似与不同的等级分化			√＋ 3 MC 每题4分	12%的分值		
来自不同界的有机物品种的典型代表，以及生物界的数量会根据情况而改变这一现象		√＋ 5 Mtch 每题3分	15%的分值			
动植物的双名命名法		√ 2 SA 每题4分	8%的分值			
主要动物门	√ 4 MC 每题2分	8%的分值				
主要植物门	√ 4 MC 每题2分	8%的分值				

MC=选择题　SA=简答题　Mtch=配对题

图 3.19　附题目分值的 5 年级生命科学课目标细化表示例

同时，请注意范勒穆老师没有做的事情——她没有单纯地将总分在不同的题型中平分；也没有将每一道同种题型的题设计为相同分值（即所有选择题的分值相同，所有配对题的分值相同，以及所有简答题的分值相同）。相反，她清楚地意识到，题目的分值应该不同，应该根据所测学习目标的相对重要性而定。然而，这样加减分值不一定总是完美的，例如范勒穆老师发现，根据相对重要性设计的分值加起来共101分，可是这样的误差微乎其微，并不影响考试结果。更重要的是试题的样本效度——即测试单元中的学习目标在这套试卷中所占的比例——正因范勒穆老师使用了目标细化表而得到了大幅度提高。

由此可见，目标细化表的设计和使用尤为重要，因为是否能够精心设计和熟练使用目标细化表决定了教师的评估能力（有关“评估能力”的定义，请见第一章）。但是，请不要拘泥于以上这些图表或示例的形式。读者完全可以在一张餐巾纸或者随手拿的一张便签纸上画出目标细化表。毕竟目标细化表的核心在于将学习目标所对应的知识内容与认知层次之间的交集以清晰明了的方式展现出来，以确保评估中有足够的题目来考查学生对这些学习目标的掌握情况（图3.11和3.20展现了目标细化表的两种不同的形式）。同样重要的是，采用这样的表格可以避免试卷对课程目标中并未做要求的知识内容和认知层次进行考核。

________ 的目标细化表　　　　　　　　　　　　　　年级 ________

（课程单元名称）

知识内容	认知需求层次											
	记忆		领会		应用		分析		评价		综合	
	认知行为	相对重要性	认知行为	相对重要性	认知行为	相对重要性	认知行为	相对重要性	认知行为	相对重要性	认知行为	相对重要性
	（多少）道题	题型	（多少）道题	题型	（多少）道题	题型	（多少）道题	题型	（多少）道题	题型	（多少）道题	题型
	认知行为	相对重要性	认知行为	相对重要性	认知行为	相对重要性	认知行为	相对重要性	认知行为	相对重要性	认知行为	相对重要性
	（多少）道题	题型	（多少）道题	题型	（多少）道题	题型	（多少）道题	题型	（多少）道题	题型	（多少）道题	题型
	认知行为	相对重要性	认知行为	相对重要性	认知行为	相对重要性	认知行为	相对重要性	认知行为	相对重要性	认知行为	相对重要性
	（多少）道题	题型	（多少）道题	题型	（多少）道题	题型	（多少）道题	题型	（多少）道题	题型	（多少）道题	题型
	认知行为	相对重要性	认知行为	相对重要性	认知行为	相对重要性	认知行为	相对重要性	认知行为	相对重要性	认知行为	相对重要性
	（多少）道题	题型	（多少）道题	题型	（多少）道题	题型	（多少）道题	题型	（多少）道题	题型	（多少）道题	题型

图 3.20　目标细化表模板（高级版）

步骤 6：创建并选择有效且可靠的试题

有效且可靠的试题决定了一份评估的效度和信度。试题应该根据目标细化表，针对做了要求的知识内容和认知层次进行考核。在设计评估试题时可以思考以下几个问题：

◆ 试题涉及的知识内容是否对应了正确的认知层而设计？

◆ 试题设计是否可以将已经达标的学生与那些尚未达标的学生予以区分？

◆ 试题是否存在系统误差？

第一个问题与试题的构念效度有关；换言之，设计的试题是否满足了你的评估需求？而第二和第三个问题与试题的信度有关。评估中每一道试题都应同时具备有效性和可靠性，我们因此将在第四章和第五章从实际操作角度来全面探讨试题的设计问题。总而言之，每位教师都希望自己的评估试题能够测其所测，希望试题让每位学生充分展示他们的学习成果，并且将侥幸或误差的可能性降到最低。

步骤 7：整合评估

最后这个步骤看似浅显，但它却是确保评估有效性的关键环节。试题的排列、格式和安排都为学生创造了良好的机会来展现他们所掌握的知识和技能。以下是一些设计课堂评估试题的原则。

确保题目之间不泄露答案

你是否在为一道考题焦头烂额之后，发现答案就在试卷的另一道题中？作为学生的你，也许会为此欣喜若狂，但是作为教师，你最不希望这种事情发生，因为这样就会影响整套试题的效度：学生（包括曾为学生的你）并非因为足够的知识储备才能正确作答，而是因为误差。

题目提示词要清晰

清晰的题目说明可以让学生知道如何答题。例如，一道配对题应该说明学生可以多次使用一个选项或者仅能使用一次。这些指引对于学生是否能够顺利答题非常重要，可以考查学生是否真正凭所学知识在做题。

同一题应放在同一页

一道或者同一系列的试题应安排在同一页上，或者都放在试卷的正面，否则学生也许无法发现试卷的背面还有其他选项。例如，如果一道选择题的四个选项被安排在了试卷两个不同的页面，学生也许会认为这道选择题只有题目下方的两个选项，从而导致答题错误。但实际上这个错误并非由学生缺乏相应的知识所致。

按照题型排列试题

评估的试题应该按照题型类别排列，例如应该把所有的选择题放在一起等等。人类的大脑对不同题型有不同的处理机制。一会儿是选择题，一会儿是判断题，一会儿又是填空题，学生需要在不同题型之间不停地转换思维模式。如果把同类题型安排在一起，便能给学生的思考减负，让他们能更集中精神答题。

提供清晰、足够的答题空间

答题空间需要明确标示，以便学生作答。例如，在选择题的每个选项旁边画一条直线，让学生标记他们的选择。建构反应式题型的答案更需要足够的空间。答题空间的大小可以根据考生所在年级和答案长短而定。

为高年级学生标明题目分值

明确标示出每道题的分值，可以让学生相应地调整做题速度。无论是判断题和选择题这种选择反应式题型，还是简答题和演算题这类建构反应式题型都应如此。

对建构反应式题型可以采用注明了参考答案的评分清单、评分量表或评分量规进行评价。

确保评估整齐及零误差

一份评估试卷需要划清题与题之间的界限，所以应保持一定间隔。另外，题目中出现的语法错误会导致不同的误差——也许会让学生猜到正确答案，或者误导他们选择错误的答案。最好让同事帮助审阅试卷，以确保零误差。

确保教室有利于考试

我们知道，一份好的评估试卷同时具备有效性和可靠性。这意味着，测试没有系统误差或者随机误差。这就需要教师们确保考试环境有利于学生专注答题。在安排考场时，需重点考虑以下几点：

- 调节教室灯光；让室内空气流通
- 降低干扰
- 消除作弊机会
- 确保充足的答题时间
- 对学生有关试题的提问给予恰当的回答

安排一场考试不仅耗时，而且需要深思熟虑。无论是题型的选择，考试形式的安排，还是考试的开展，都应该以试题可靠性和学生考试表现为中心——不能忽略任何一点。

总结：有关七个步骤的注意事项

本章就如何设计一份有效且可靠的评估试卷逐步进行了讲解。在阅读的过程中，你也许会想："我没有时间严格按照这里的每一步来设计每一份试卷。"评估设计的过程看上去非常耗时和烦琐，实际上，许多步骤在短时间内，甚至同时就可以完成。此外，读者需要知道的是，学习目标分解和制作目标细化表这两个核心步骤是可以习得的技能，就好比学习阅读、骑自行车、写教案一样，多练几次就可以学以致用、熟能生巧。

多年前，一位教师在学习了这个评估设计方法后告诉我们："我对评估有了不同的看法。"她是指在"课程＝教学指导＝评估"定位等式的指引下，她意识到学习目标的知识内容应该与认知需求层次保持对应关系，也认识到了目标细化表对评估设计带来的好处。

第四章
如何设计选择反应式题型？

选择反应式题型概述

教师们都出过题，无论是摸底考试、期末考试，还是随堂小测验，或者任何一种在课程开始或结束时开展的形成性评估，教师们都可以用事实证明，设计一道好题既考核相应的知识内容，又涉及要求的认知层次，是一件有难度且耗时的事。任何一位出过选择反应式题目的教师也会认同，在设计这类题目时，需要保持题目简明、清晰，还得尽量避免误差并非易事。这并不是让教师们就此气馁，而是提醒大家在出题时，只要遵循本书提出的原则和技巧，便能有效地避免误差，提高评估的信度。同时，教师会在设计选择反应式题目时更加熟练和高效地对应高级或低级的认知层次。“选择反应式题型”是指那些能够将答题过程以选项的形式来展现的题型。随着学习评估技术的发展，这类题型的结构和样式也随之变化。但万变不离其宗。美国现在许多州的机考试题也要求从已有选项中挑选正确答案，因此属于“选择反应式题型”，只不过机考题型在形式上与传统题型有所不同而已。本章谈及的选择反应式题型主要指二选一、配对题和选择题三种（见图 4.1）。

√二选一 √配对题 √选择题

图 4.1　选择反应式题型的种类

通过选择反应式题型来考核更高层次的认知行为并不容易，但不是不能实现。本书曾在第三章提出，考核正确的认知层与考核正确的知识内容同等重要，所以在设计题目时需要兼顾两者；缺少任何一方，都会大大降低试题以及评估本身的效度。二选一题型和配对题针对的主要是学习目标中较低的认知层；选择题也适用于较低认知层，但同时也可以用来考核较高的认知层。目前大部分教师都有一个错误的观点，就是认为选择反应式题型针对的仅是较低的认知层。因此，教师们可能会认为他们自己设计的选择反应式题型只能用来考核较低水平的学习目标。我们希望本章的内容能消除教师们对选择反应式题型的误解。鉴于此，本章有两个目的：

◆ 以选择题为重点，探讨选择反应式题型的设计原则；

◆ 与读者分享针对高级认知层的选择反应式题型的设计原则。

计算机考试题型：一点创新，一点守旧

依靠电脑技术制定的测试给选择反应式题型的结构和外形带来了更多选择空间。现在，美国各州开始广泛使用在此技术平台上开发的题型，并称其为“技术支持型题型”。这些题型还有其他的名称，例如“敲击与拖动”，即学生通过敲击鼠标，从选项中选取答案，并将其拖动至空白框中。当出现多个正确选项时，学生可以将它们都拉入同一个方框中。与标准化评估相比，这些创新仅仅是题型样式上的创新，但是对于教育者而言，这些题型还是属于传统的。“敲击与拖动”的例子实际上就如同我们上课做的分类练习。传统的做法一般是就一个问题提供五个选项，然后要求学生选出三个正确答案，并将其圈出。展现这些题型的方式多种多样，可以根据技术平台的设计而定。随着科学技术的发展，这样的研发将会无穷无尽，而它们的两大好处在于：

◆ 可以针对不同知识领域，对较高的认知层进行考核（从而提高题型的效度）；

◆ 可以在一定程度上防范学生猜测答案，从而降低测试的误差（可以提高题型的信度）（“适度进展”/ETS 合作项目 [Measured Progress/ETS Collaborative]，2012）。

在本章中，我们探讨了科学技术推动下题型的改变。需要记住一点，任何题型在其电脑版本产生之前，都有纸版的雏形。教师们可以根据实际情况将多种样式的题型融入课堂教学。但是同时也需要注意，这些题型依然应该遵循评估设计的原则，尽量避免误差，考其所考，能够真正区分拥有知识储备和娴熟技能的学生。

选择反应式题型的基本设计方法

在设计选择反应式题型时遵循这些方法，教师可以减少系统误差，提高每道试题的信度。换言之，教师可以更有信心地问自己："学生能够正确作答是因为他们真正知道答案，还是试题泄露了答案信息呢？反之，学生答错的原因又是什么？是因为他们不知道答案，还是因为题目的设计有问题？"通过降低选择反应式题型出现误差的可能性，教师们可以更加相信这些题目是真实反映了学生的学习情况，即他们的所知与所不知。

在学校里，教师会教学生一些答题技巧。随便查查这类书籍资料，你便会发现大量关于此类的小贴士。我们现在将它们整理出来，放在图 4.2 中。

这些贴士都是在帮助学生发掘试题中的系统误差，并利用随机误差在考试中投机取巧。作为教师，我们无法控制随机误差，但是可以尽可能地减少系统误差。减少系统误差并不是在"捉弄"学生，而是为学生提供一个能够展示自己所学的平台，同时也为教师提供学生学习情况的准确信息。

本节会对二选一题型、配对题、选择题的基本设计方法进行讲解。我们会就每种题型列举一个设计较差的案例，并与一个设计较好的案例进行对比和讨论。这些方法是整合了多本测评用书的内容，以及诸多教师、教学负责人、题型研发者和大学教授的经验编写而成的(Gronlund & Waugh，2013；Hogan，2007；Popham，2014；Stiggins & Chappuis，2012；Taylor & Nolen，2008)。

下一节涉及的大多数设计方法都与题型的信度有关。不过在此之前，我们必须要强调两个适用于所有题型的效度原则。首先，无论你是设计一道二选一的题还是选择题，都应确保题目类型能够最恰当地

二选一题

☑ 有前、后两部分的命题中，如果前半部分正确而后半部分错误，那么整个命题则为错误。

☑ 猜吧！因为你至少有一半的概率答对。

配对题

☑ 如果不确定答案，那就猜吧。反正猜测也不算作弊。

☑ 先将你确定的配对找出，这样会让剩下的工作简单些。

☑ 将配对信息以类型相似性进行连接。

选择题

☑ 如果不确定答案，那就猜吧。反正猜测也不算作弊。

☑ 寻找那些符合题目语法结构的选项。

☑ 明显比其他选项长很多的选项往往就是正确答案。

☑ 当选项中“以上全部”出现时，而你又确定选项中有两项正确，那么这个“以上全部”则是正确答案。

图 4.2　答题技巧小贴士示例

判断学生对知识内容和认知能力的掌握。其次，确保设计的题型能够真正做到考其所考（可见第三章对目标细化表的相关讨论）。效度相对较低的题目不能为教师、学生或其他任何人提供有价值的测评信息。下面，我们就来重点探讨三种最常见的选择反应式题型的设计原则和方法。

二选一题型

二选一题型是指从两个选项中选取一项作为答案的题型。这些选项可能包括正确或错误、是或非、支持或不支持、客观事实或主观观念等。实际上，二选一题型基本上可以用于所有学习目标：例如分辨两种概念、两种类型、两组特征或两种相似的认知行为。你能够想象只有二选一题型的试卷吗？由于这种题型只有两个选项，猜对答案的概率可以达到50%。这样的随机误差可能会相当高，最终导致考试结果无法预测研究对象的真实情况。所以这种题型一般只用于测试较低的认知需求层次。但即便如此，也必须与其他题型结合在一起使用。二选一题型的设计有四个基本方法，可参照图4.3。

方法1：每个命题只包含一个概念。 方法2：避免使用例如“总是”和“从不”等限定词。 方法3：避免在题目中使用否定词。 方法4：每个选项尽可能保持相同数量的命题。

图4.3　二选一题型设计方法概要

方法1：每个命题只包含一个概念。你曾经遇到的是非判断题是否同时包含两个正确或两个错误的概念？又或者，判断题前半段的命题为正确，而后半段是错误的？以上这些情况极为罕见，因为它们使题目变得复杂，让学生无从下手，也让教师无法判断！所以，哪怕学生回答正确，教师也无法确定学生对题目中两个概念是否都理解了。最恰当的做法就是让每道题只涵盖一个正确或错误的概念。现在，我们通过两个案例来做进一步了解。

较差的设计		
正	误	液化让气体转化成液体，蒸发让液体转化为固体。
较好的设计		
正	误	液化让气体转化成液体。

图 4.4　方法 1：每个命题只包含一个概念

在设计较差的那个版本中，学生需要对两个有关水循环的概念进行判断。而题目的一部分正确，另一部分错误，导致题目的含义更加混乱。有一部分概念正确，可以选择"错误"，也可以选择"正确"。学生该如何作答？这个题目的误差让教师无法真正了解学生对水循环相关知识的掌握。

方法 2：避免使用例如"总是""从不""有时""经常"等限定词。出现"总是"和"从不"等绝对限定词的题目时常会让学生猜到正确答案。让我们看看以下案例。

较差的设计		
是	否	每当在音符前出现升半调符时，你都得弹奏邻近的半音键。
较好的设计		
是	否	音符前面的升半调符说明要弹奏邻近的半音键。

图 4.5　方法 2：避免使用例如"总是"和"从不"等限定词

上图那份设计相对较差的题目中使用了"都（always）"一词。在没有这类限定词的题目中，学生可以运用自己的知识准确判断答案；限定词的出现反而容易影响学生，误导他们选择那个错误的答案。

方法 3：避免在题目中使用否定词。题目中的否定词会误导学生，从而导致判断失误。只有在绝对必要和关键的时候才使用否定词。让我们来看两个例子：

较差的设计 事实　观点　莫罕达斯·甘地不认为暴力示威是改变社会制度最有效的方法。 **较好的设计** 事实　观点　莫罕达斯·甘地认为非暴力抵制是改变社会制度最有效的方法。

图 4.6　方法 3：避免在题目中使用否定词

很明显，设计较差的题目意思不明，容易误导学生答题。学生可能会在读题过程中遗漏否定词，而将整个命题视为肯定句。实际上，这道题中的否定词是多余的，以肯定语气一样可以表述清楚。肯定语气陈述的题目可以帮助教师准确判断学生是否真正理解甘地对非暴力抵制运动的态度，而不是让学生跳入否定词的陷阱。

方法 4：每个选项尽可能保持相同数量的命题。你在出选择题时也许会为正确答案的选项位置绞尽脑汁，以免学生可以根据重复频率轻易猜测出正确答案就在 C 选项；二选一题日也面临同样的问题。正因如此，你应想方设法，避免正确答案一味地集中在同一个选项的情况。假如，在“支持或不支持”题型中，学生发现了大量的答案都集中在“支持”项，那么当再次遇到不确定的题目时就会选择“支持”。

配对题型

配对题型主要针对较低认知层的考查，尤其用来考查学生对术语、地名、人物、事件、观念等的记忆。配对题的形式多种多样：

◆ 传统的配对题包含左右两列选项，要求两边选项必须关联对应；

◆ 选择适当的词填空；

◆ 选择适当的词填入图表中。

以上只是配对题型的其中几种。本章提过的技术支持型题型就是以配对题居多。这种题型可能是一个水循环图表，学生需要将相应的环节“拖拽”至循环的相应位置。无论是机考或是传统的笔试，设计配对题的基本方法都是一致的。与二选一题型相似，如需对更高层次的认知行为进行考核，配对题需要与其他题型一并使用。然而事实却是，我们在自己的教学过程中以及和其他教师的合作过程中发现不少考试只有配对题型。在设计配对题型时，可以采用一些基本方法，图4.7对这些方法进行了概述。

方法1：确保所有选项具有同种性质。 方法2：将题目选项放在右边一栏，与左边的信息选项进行配对；保证左边选项在字数上超过右边选项。 方法3：配对的题目项的数量不应过多。 方法4：可以使信息选项多于题目选项，或反之。 方法5：将题目按一定的逻辑顺序排列。

图4.7 配对题型的设计方法

与其每种方法都举一个例题，我们不妨通过图4.8、4.9和4.10来讲解每种方法的重要性。图4.8和4.9展现的是一道传统配对题，考查学生对美国的重要人物、国家性标志以及国家假期等知识的掌握情况。图4.10展示的题型要求学生从词库中选择一项，准确放入图表中。(这与机考中的“敲击与拖动”题型相似。)

方法1：确保所有选项具有同种性质。同一栏中的选项应该在本质上保持一致。在图4.8中，学生需要对三种不同类型的信息进行匹配，即美国名人、美国标志、美国节假日。在历史人物匹配中，很多选项与人物毫无关系，学生因此可以轻易地将其全部排除。另外，罗莎·帕克斯是选项中唯一的女性，而描述她事迹的选项中出现了指代女性的人称代词“她”，让答案显而易见。

设计较好的配对题只列出了历史名人，甚至缩减到仅是参与了人权斗争的非裔美国人。同样，在图4.10中，所有提供的选项都是花朵的一部分。

提示：请从 a~o 中选出相应的陈述与以下选项匹配。	
1. 乔治·华盛顿	a. 美国第一位非裔最高法院大法官
2. 马丁·路德·金	b. 上面有 50 颗星星
3. 艾伯拉罕·林肯	c. 这一天我们庆祝美国从英国脱离，获得独立
4. 老兵节	d. 美国职业棒球大联盟史上第一位非裔美国人
5. 美国阵亡将士纪念日	e. 美国第一任总统
6. 华盛顿纪念碑	f. 这一天全美国人民对所有美国军人表达感谢
7. 瑟古德·马歇尔	g. 法国赠予美国的礼物
8. 美国独立日	h. 人权领袖
9. 托马斯·杰斐逊	i. 搭乘公交车时，她拒绝给白人让座
10. 杰基·罗宾森	j. 位于首都华盛顿特区
11. 自由女神像	k. 塔斯基吉学院创建者
12. 罗莎·帕克斯	l. 美国内战时期的总统
13. 美国国旗	m. 美国国徽
14. 美洲雕	n. 美国第三任总统
15. 乔治·华盛顿·卡佛	o. 这天我们纪念那些在战争中牺牲的美国人

图 4.8　设计较差的配对题型

提示：请从陈述中选出相应的人物进行匹配。可以对同一人物重复选择。	
1. 美国第一位非裔最高法院大法官	a. 乔治·华盛顿·卡佛
2. 搭乘公交车时，拒绝给白人让座	b. 马丁·路德·金
3. 美国职业棒球大联盟史上第一位非裔美国人	c. 瑟古德·马歇尔
4. 塔斯基吉学院创建者	d. 罗莎·帕克斯
5. 带领群众在华盛顿发起关注人权的示威游行	e. 杰基·罗宾森
6. 通过“布朗诉托皮卡教育局”案，促使美国废除种族隔离学校制度	
7. 推广如花生和番薯等农作物的种植	
8. 因其在人权斗争中的杰出贡献而获诺贝尔和平奖	

图 4.9　设计较好的配对题型

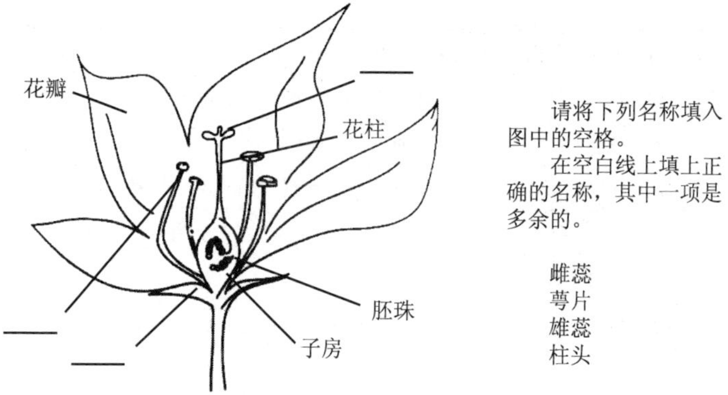

图 4.10　图形填空

方法 2：将题目选项放在右边一栏，与左边的信息选项进行配对；保证左边选项在字数上超过右边选项。让我们再看看图 4.8 中那个设计较差的试题。在阅读“乔治·华盛顿”这个选项时，学生必须把右边所有的陈述都看一遍。这样不仅耗费精力，还耽误时间。我们可以将陈述放在左边一栏；这样，当学生在阅读到“美国第一位非裔最高法院大法官”时，便可以迅速浏览右边一栏，找到对应的答案。

方法 3：配对的题目项的数量不应过多。针对学龄较大的学生，配对题的选项最多只能出 10 道，而针对年龄小的学生，提供的选项应该更少（Gronlund & Waugh，2013；Hogan，2007）。注意，在那份设计较差的试题中，学生需要做 15 道配对题；而较好的那份却只需完成 8 道。在确保内容性质一致的情况下，配对题的试题数量应降至最低。图 4.10 中匹配项的数量比较合理，仅有 3 个空格需要填写。

方法 4：信息选项多于题目选项，或反之。在图 4.8 的配对题中，左右两边的选项数量一致，均为 15 项。这样，学生往往通过排除法就能轻松找到最后几项对应的答案。此外，这样也会提高错误的概率，因为每当其中有一道题选择错误时，自然会导致另一道题答错。因此，配对题的题目和信息项在数量上不应对等。信息项可以多于题目，以供差额选择；或是少于题目，可重复选择。图 4.10 要求学生辨识出花朵各部分的名称，而提供的信息项中有一个名称是多余的，这样就避免了学生用排除法猜答案的情况。同时也要注意，题目提示信息必须明确指出配对项是否存在多余或可重复选择的情况。

方法 5：将题目按一定的逻辑顺序排列。需要配对的题目项应按照某种逻辑关系进行排列——数字顺序、字母顺序、长短顺序等等。在那份设计较差的配对题中，题目项就没有按照任何逻辑顺序排列，因而显得杂乱无章。在答题过程中，学生的思维需要在国家假期和著名人物之间来回转换；而图 4.9 和图 4.10 中的题目项在内容本质上都保持了一致，逻辑清晰，且以字母顺序排列。

选择题

在全国范围内来看，选择题在所有州级考试中最常见。实际上，每个州和哥伦比亚特区都在评估中使用了选择题，并且其中 4 个州还采用了纯选择题测试。在过去的 10 年里，其他题型（例如建构反应式题型）的使用已逐渐减少，选择题反而日趋广泛（Hightower，2012）。选择题也是课堂评估的标志性题型，在早期的美国教育中便已出现（Shepard，2000）。另外，各州的机考试卷中有要求选出多个正确答案的多选题。此前提到，机考中的多选题型源于传统的笔试，所以教师对此并不会陌生。基于以上所述，我们将重点探讨如何设计同时具有效度和信度的选择题。

本章将用到一些专有名词来描述选择题的不同部分，读者可以在图 4.11 中找到它们对应的位置。

高效度选择题的设计方法可以分为两个部分，第一部分聚焦题干的设计，第二部分注重选项的设计。图 4.12 对这些方法进行了总结。

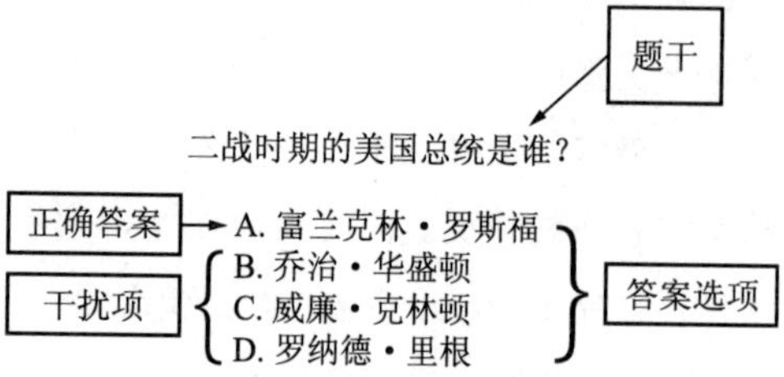

图 4.11　选择题专有名词

题干
方法 1：确保题干的描述清晰明确。
方法 2：使用肯定语气。
方法 3：切勿在题干中泄露正确答案。
方法 4：在题干中对“最有可能”和“最佳”等限定词进行强调。

答案选项
方法 5：确保所有答案选项可信可行。
方法 6：所有答案选项在语法结构和长度上基本保持一致。
方法 7：避免使用“以上选项全部正确”和“以上选项全部错误”。
方法 8：将答案选项按照一定的逻辑关系排列。
方法 9：切勿在答案选项中泄露任何显示正确答案的线索。
方法 10：确保每道题中正确答案的唯一性。

图 4.12　设计选择题的基本方法

题干

选择题的题干本质上就是指所提的问题。题干的目的在于帮助学生读懂题目，以便找出正确答案。选择题的题干有两种基本形式：

- 问题形式，以及陈列出答案选项以供选择。
- 完形填空形式，陈列出的答案选项包含在语法上与题干一致的词、词组、数字或符号。

以下列出的设计方法对以上任何一种形式都适用。

方法 1：确保题干的描述清晰明确。选择题考查的问题应该出现在题干，而不是在答案选项中。这意味着必须在题干就交代清楚本题问的是什么，去掉所有不相关的或者会引起歧义的信息。我们通过图 4.13 来看两则案例。

较差的设计	较好的设计
抗原 A. 攻击记忆细胞 B. 攻击杀伤 T 细胞 C. 攻击病原体 D. 攻击辅助 T 细胞	抗原会攻击以下哪种? A. 病原体 B. 辅助 T 细胞 C. 杀伤 T 细胞 D. 记忆细胞

图 4.13　方法 1：确保题干的描述清晰明确

在设计较差的题目中，题干最明显的问题在于信息不足。学生很难从“抗原”一词推测出所问信息，反而是答案选项让我们知道了这道题的真正所问，即抗原可以使什么类型的细胞受损。我们可以从设计较好的选择题中看到，题干能清晰提出问题。然而，这一设计也存在着不足。答案中 A 选项是一个词，而其他三项均由两个词组合而成，并且都含“细胞”一词。我们将在方法 6 中具体讲解这个不足。

方法 2：使用肯定语气。根据以往的工作经验，我们知道，在选择题中设计合理的干扰项是一件不容易的事情。在出题过程中教师们往往将题干改成否定语气，可是这一举措是一种逃避。当然，在有些情况下必须使用否定词。例如在自然科学的实验课里，时常会使用否定指示语：“不要将手放在燃烧的本生灯上方。”读到这儿时，你也许会笑。无论如何也不能使用肯定语气来表述这段指示语。也许可以说“请远离火焰”，然而，学生根本无法在使用本生灯的同时还“远离火焰”。所以在实验操作的考核中，为了使指示更明确，也许采用否定语气更为合适。但是大多数情况并非如此，否定语气在大多数时候会误导学生。另外，学生也许会在读题过程中漏看那个否定词。因此，如果所出题目中一定要使用否定词，切记要用粗体、斜体、下划线等方式来突显这些词。让我们通过图 4.14 中的两个案例来体会一下。

较差的设计	较好的设计
以下哪些不属于第一次世界大战美国参战的原因？可以多选。 A. 美国与英国有商贸往来。 B. 俄国不愿代表英国进行干预。 C. 德国尝试与墨西哥建立联盟。 D. 连任的威尔逊总统支持美国参战。 E. 德国支持“苏赛克斯号承诺”。	为什么美国参与了第一次世界大战？钩选出所有的原因。 ☐ 美国与英国有商贸往来。 ☐ 俄国不愿代表英国进行干预。 ☐ 德国尝试与墨西哥建立联盟。 ☐ 连任的威尔逊总统支持美国参战。 ☐ 德国支持“苏赛克斯号承诺”。

图 4.14　方法 2：使用肯定语气

这道题目要求学生选出所有正确选项，属于多选题。位于左边的题目设计让人有些困惑的地方在于学生首先需要理解题干中否定词的含义。而只有当他们读到后半部分时，才发现这是一道多选题。位于右边的选择题在设计方面更胜一筹，因为不仅去除了否定语气，还在选项中使用小方格来取代字母选项，这是因为按字母排序会让学生误以为是单项选择题。对于多选题而言，最好的选项提示就是可打钩的小方格，这样可以减少学生误选的概率，从而提高试题信度。

方法 3：切勿在题干中泄露正确答案。有时，题干信息会在无意间泄露正确答案。设计题目最常出现的一种误差就是，在题干的空格前出现一个不定冠词 an，而选项中又恰好只有一个选项的首个单词是以元音开头，这使得正确答案显而易见。另外，一些其他途径也会在题干中“公布”正确答案。让我们看看图 4.15 中的两个例子。

左边的题目设计较差，因为题干中“美国政体原则”已经为正确答案提供了线索，即“三权分立”，而四个选项中只有一项属于美国的政体原则。了解美国宪法的考生根本不需要题目中的报纸头条来帮助他答题。这样，在学生正确答题后，教师却不能确定学生是真的知道美国政体原则，还是依据题目信息进行了推测。在设计较好的题目中，四个选项均为政体原则；这样，学生就必须在清楚了解所有宪法原则的基础上才能正确答题。

<table>
<tr><th>较差的设计</th><th>较好的设计</th></tr>
<tr><td colspan="2">请阅读以下报刊标题

美国最高法院裁定一项联邦法律条文为违宪</td></tr>
<tr><td>以上标题涉及美国的哪项政体原则？
A. 人治
B. 专治
C. 三权分立
D. 君主立宪制</td><td>以上标题涉及美国的哪项政体原则？
A. 联邦制
B. 正当程序
C. 人民主权
D. 三权分立</td></tr>
</table>

图 4.15　方法 3：切勿在题干中泄露正确答案

方法 4：在题干中对“最有可能”或“最佳”等限定词进行强调。题干中出现的“最有可能”“最佳”或者“最不可能”等限定词往往也是答题的关键所在，学生一不小心就容易疏忽。我们来看下面两个例子。

较差的设计	较好的设计
马修帮助邻居修剪草坪，获得薪水 20 元。如果他租影碟花去 5.50 元，吃比萨花掉 6.75 元，还有汽水 2.00 元。以下哪个选项与他剩下的余额最接近？	马修帮助邻居修剪草坪，获得薪水 20 元。如果他租影碟花去 5.50 元，吃比萨花掉 6.75 元，还有汽水 2.00 元。以下哪个选项与他剩下的余额最接近？
A. 5.00 元 B. 0 元 C. 14.00 元 D. 9.00 元	A. 0 元 B. 5.00 元 C. 9.00 元 D. 14.00 元

图 4.16　方法 4：在题干中对“最有可能”和“最佳”等限定词进行强调

题目中“最接近”一词属于限定词，说明学生需要对薪水余额进行估算，而不是求具体数值。答案选项中并没有具体余额一项。在设计较差的题干中，“最接近”一词没有任何突显，学生在读题时容易漏读。在设计较好的方案中，“最接近”一词用了着重号，这样能够帮助学生看清题目真正所问。

答案选项

设计选择题的另一个关键步骤就是设计答案选项。这并不容易，尤其是干扰项的设计更是难上加难。在州考试中，选择题一般有四个答案选项，所以，教师们在出题时最好确保有三至五个答案选项。下面，我们针对系统误差，提出有关答案选项设计的具体技巧和方法。

方法 5：确保所有答案选项可信可行。你是否曾经为了制造一点轻松感，而将一些选项在设计上看起来有些傻或者荒诞，想着让紧张答题的学生欣然一笑？如果你与学生关系融洽的话，这并不是件坏事。但是，这些轻浮行为会影响试题的信度。每一位教师必须明确这一点：学生在做题过程中，只需要对这些看上去幽默滑稽的选项进行排除，便能轻松找出正确答案，而他们对相关知识的掌握，我们全然不知。

数学教师尤其需要注意答案选项的合理性。例如，学生可能会把减法做成加法，那么答案选项中就应该包含这类的错误结果。根据常规错误设计的干扰项有一个优点，就是可以帮助教师了解学生在哪些方面存在不足。我们来看两个例子。

较差的设计	较好的设计
二战期间的美国总统是谁？ A. 富兰克林・罗斯福 B. 乔治・华盛顿 C. 乔治・W. 布什 D. 杰西・詹姆斯	二战期间的美国总统是谁？ A. 德怀特・艾森豪威尔 B. 林顿・约翰逊 C. 富兰克林・罗斯福 D. 伍德罗・威尔逊

图 4.17　方法 5：确保所有答案选项可信可行

这道题是对知识记忆的考核。学生只需要知道二战期间的总统是谁便能正确答题。然而，设计较差的选项大多与二战毫无关联，而

"杰西·詹姆斯"这个普通人名更是荒谬（美国历史上没有总统叫这个名字）。设计较好的选项均为在战争期间任职的美国总统，因此这样的选项设计更为合理可行。

方法 6：所有答案选项在语法结构和长度上基本保持一致。答案选项应该同时满足同种形式和相似长度这两个条件。如果正确答案只有一个名词，那么其他选项都应该以一个名词的形式出现。如果正确选项以动词开头，那么其他选项也都应以动词开头。另外，选项之间如果出现长度不等，也容易让学生猜到正确答案。请看以下两个例子。

较差的设计	较好的设计
在英语课上，辛西娅要完成一份作文，描写她最崇拜的一个人。她想写她的父亲。以下哪种方式最有助于她写作？	
A. 重新翻阅她和父亲的旧相片。 B. 她可以打电话给好友，谈谈自己的父亲。 C. 通过列举她和父亲一起做过的事情。 D. 邀请父亲参加她的英语课。	A. 通过重新翻阅她幼儿时期的相片。 B. 通过邀请父亲参加她的英语课。 C. 通过打电话给好友，谈谈自己的父亲。 D. 通过列举父亲为她和其他人做过的所有事情。

图 4.18　方法 6：所有答案选项在语法结构和长度上保持一致

与右边设计较好的题目相比，左边题目中的选项在语法和句法上缺乏一致性，也不够明确。

方法 7：避免使用"以上选项全部正确"或"以上选项全部错误"。你是否曾经在设计出完美的题干、正确答案和两个干扰项后，发现缺少第三个干扰项的情况？此时，你是不是选择了"常规做法"——将"以上选项全部正确"或者"以上选项全部错误"作为了题目的最后一个选项？

我们见过许多这样的案例：最后一个选项要么是"以上选项全部正确"，要么是"以上选项全部错误"，而且它们并不是正确答案。这说明，这些所谓的干扰项的"干扰"并非有效。以下两个例子可以说明问题。

较差的设计	较好的设计
以下哪个选项是需要用毫米测量的? A. 码尺 B. 公制测量器 C. 电子秤 D. 以上都不是	以下哪个选项是需要用毫米测量的? A. 码尺 B. 公制测量器 C. 电子秤 D. 量筒

图 4.19　方法 7：避免使用“以上选项全部正确”和“以上选项全部错误”

设计较差的案例中，第四个选项“以上都不是”显然没有必要。这道题考查的是公制单位和测量，所以，将第四个选项换成量筒，不仅与其他测量工具在性质上对应，并且计量单位也统一，只不过量筒测量的是容积，而不是长度。这就是一个非常好的干扰项。

针对以上的方法需要特别说明的是，对于方法 7 提出的观点也存在一些例外。某些情况下，“以上选项全部错误”和“以上选项全部正确”也可以作为正确答案出现在试题中。如果它们多次出现在某套试题中，并且某些情况下就是那道题的正确答案，那么，这两种选项也是可以纳入题目选项的。

方法 8：将答案选项按照一定的逻辑关系排列。答案选项应以某种逻辑顺序进行排列，并且这个排列方式应该与试卷中其他选择题保持一致。以下是几条基本原则：

◆ 数字选项按其先后顺序排列；

◆ 只有一个词的答案项以字母顺序排列；

◆ 句子从短到长排列。

按逻辑顺序排列答案选项的原因之一在于可以确保正确答案不易被发现。在设计选择题时，教师一般将正确答案放在了第一个选项，因为这样做起来相对容易些。如果每次都是按这个规律出题，学生很快就会察觉。图 4.20 提供了两个例子，其中设计较差的答案选项没有按照任何逻辑顺序进行排列，而且正确答案就处于第一项的位置。在设计较好的题目中，答案是按从小到大的顺序排列的，而且正确答案隐藏在了四个选项中。设计较差的选项在排列上也容易让学生困惑。

较差的设计	较好的设计
以下排序中的下一个数字是什么？ 54，53，52，51，50，49，______ A. 48 B. 50 C. 47 D. 59	以下排序中的下一个数字是什么？ 54，53，52，51，50，49，______ A. 47 B. 48 C. 49 D. 50

图 4.20　方法 8：将答案选项按照一定的逻辑关系排列

方法 9：切勿在答案选项中泄露任何显示正确答题的线索。有时，答题线索会隐藏在正确的答案选项中。例如，正确答案出现了与题干一样的词汇，又或者正确答案的语法结构正巧能够填补题干的空缺。为了避免这种情况，请务必再三检查答案选项，确保没有泄露任何线索。请看以下两个例子。

较差的设计	较好的设计
以下哪一种革命通过缩短旅途时间，增强了商业往来？ A. 工业 B. 技术 C. 纺织 D. 交通	以下哪一项最恰当地反映了 19 世纪交通革命带来的影响？ A. 郊区发展起来了。 B. 奴隶需求降低了。 C. 汽车的制造及生产量提高了。 D. 人们对公共交通的依赖减少了。

图 4.21　方法 9：切勿在答案选项中泄露任何显示正确答案的线索

左边题干中“旅途”一词与答案选项中的“交通”一词正好对应，这使得正确答案显而易见。而右边的题目则没有就正确答案做任何提示，学生必须了解美国交通革命才能正确答题。

方法 10：确保每道题中正确答案的唯一性。最后这个方法看似简单，但是就信度而言又至关重要。正确答案应该是唯一的。首先请看以上探讨过的图 4.21 的例子：在设计较差的题目中，正确答案超过了一项；答案除了“交通”这一选项外，也可以是“工业”选项，因为工业革命让铁路建设变成可能。而设计较好的题目中只有一个正确答案。

适用于小学低年级的选择反应式题型说明

目前，本书所列举的选择反应式题型案例均来自小学高年级、初中和高中。同样，小学低年级也可以使用选择反应式题型来评估学生的学习情况。譬如，教师可以在桌子上排列出四个硬币，让学生从中选出一分钱硬币。这如同选择题，用以考查学生对不同价值硬币的辨识能力。另外，教师还可以让学生给两幅图进行匹配，或者把不同的形状进行归类。以上种种方式都利用了选择反应式题型的基本原理，因此在题目设计上也可遵循相同的方法。

文化偏见

我们的学生有着不同的文化、经济背景，有属于自己的一套理念和语言体系。因此，在出题时，要不断思考以下问题：我的题目提示语是否表述清晰？对于那些语言能力有差异，或者社会文化背景不同的学生，是否也能让他们读懂？请看以下的例子：

较差的设计	较好的设计
芝加哥熊队：橄榄球；________：棒球 A. 安那罕天使队 B. 洛杉矶银河队 C. 沙加缅度国王队 D. 坦帕湾海盗队	庞大：巨大；成就：________ A. 失败 B. 指南 C. 微小 D. 成功

图 4.22　避免题目中的文化偏见

以上试题考查了学生对近义词的掌握。这类试题的目的之一在于考查学生对概念和观点之间关系的理解能力。因此，学生必须首先理解所考词汇涉及的概念或者观点，才能正确答题。设计较差的题目涉及了美国橄榄球和棒球的职业球队名称，这要求学生不仅掌握近义词，还需要对相关的美国体育文化有一定了解。显然，题目并非考查学生对词语含义的理解，而是考查美国体育文化的知识。可是，目前美国没有任何一个科目对这部分知识做出要求，也并非所有学生都具备这方面的知识。可以说，这道题在设计上因文化偏见而影响了题目的构念效度（有关构念效度的讨论，见第二章；简而言之，此题的真正目的并非考查体育赛队）。设计较好的题目则避免了文化偏见，重点在考查常用词汇的定义。

文化偏见会对测试结果带来潜在的影响。就定义而言，我们时常忽略我们自身持有的偏见。此外，要充分了解课堂上每位学生的生活经历和成长背景也并非易事。在此，我们希望引起读者的关注：作为教师，我们必须首先认识到文化偏见的存在，并且知道这些偏见可能会影响考试结果的效度和信度。然后，教师们应该竭力去控制这些偏见可能造成的影响，毕竟，减少偏见对评估带来的负面影响是提高评估效度和信度的有效手段之一。

针对高级认知层的选择题设计原则

各州的州考对高级认知层的考查做了解释：选择反应式题型中，二选一题和配对题不适用于考查较高层次的认知行为。通常人们误将选择题也归于仅能考查低层次认知的题型。实际上，选择题适用于考查认知的所有层次。因此，本节我们重点探讨针对高级认知层的选择题的设计。

首先，我们通过以下例子来了解一下选择题在这方面的特点。图 4.23中的有关物理的例题与州考的试题较为相似。

杰克逊需要帮助他的朋友抬起一块大石头。他们只有一个板子和一块稍小的石头这两样工具可用。按照图中所示的方式，杰克逊和朋友准备抬起大石头。请回答以下问题：

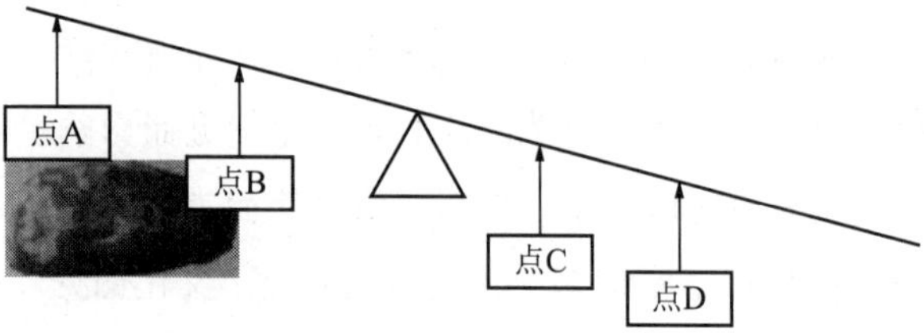

将小石头放在哪个点，可以用最小的力气抬起大石头？
A. 点 A
B. 点 B
C. 点 C
D. 点 D

图 4.23　考核高层次思维能力的选择题设计示例

本题要求学生理解图表中的关键信息以及每个答案选项。具体而言，学生需要记忆和理解其中提到的工具、其产生的力、支点的作用、杠杆原理，以及其他一系列有关工具的概念。同时，学生需要知道如何应用相关工具，并结合图表中的情境进行分析和阐释，学生还需要分析答案选项才能选出最佳答案。根据我们对州考试题的了解，这种大型考试也会存在考查高级认知行为的题型。所以，教师们在平时教学以及课堂测试中也需要注重高级认知层。

另外需要指出的是，选择题无法考查在分析以上的认知层，即评价和综合。就其本质而言，评价和综合需要学生从无到有地去建构答案；而选择题提供了多项答案供学生判断，答案的内容和形式已经限定，无须重新填写。鉴于此，我们所讨论的选择题主要针对理解、应用和分析这三种高级认知层。

在以上讨论的基础上，本节提出了五条设计原则（见图 4.24）。我们会简单地逐条介绍，并通过一对较好与较差案例的对比进行举例说明。同时，我们清楚地认识到，试题设计是无法避免系统误差的。

因此，在设计案例的过程中，我们严格遵循着本章谈及的设计方法，然而还是无法确保零误差。因此，评价这些案例题目只能用“较好”和“较差”称之。

原则 1：细化考核内容和认知层。 原则 2：采用情境示例。 原则 3：对考核内容“取难舍易”。 原则 4：加长题目提示。 原则 5：提供图形提示。

图 4.24　针对高级认知层的选择题设计原则

原则 1：细化考核内容和认知层

在设计针对高级认知层进行考查的选择题时，必须充分理解考核的内容和对应的认知层。再次重申我们在第三章谈过的问题，即知识内容分为显性、隐性和条件三类；认知行为可划分为低层次（例如记忆）和高层次（例如分析或者评价）。例如要考查诗歌类型和诗歌中的形象比喻这两道题，虽然题目内容相似，但是涉及的是记忆和分析这两个不同的认知层。请看下图的例子。

州考试标准 **纽约州学习标准——健康教育中级水平** 学生需要对影响健康的选择和行为的多种因素进行分析讨论。	
我们能够采取以下哪种方式测量体重？ A. 称 B. 温度计 C. 血压计 D. 听诊器	安娜跟她的朋友一起去看电影。其中有些人开始抽烟，而且电影里的演员也在抽烟。安娜的父母跟她谈论过抽烟的危害。当安娜的好友递给她一支烟时，她拒绝了。以下哪一个最有可能是影响安娜的选择的因素？ A. 演员 B. 她的父母 C. 她的好朋友 D. 她的朋友圈

图 4.25　细化考核内容和认知层

以上题目考查的是学生的分析能力，内容涉及在做有关健康的选择时考虑的因素。设计较差的题目关注的是测量体重的方法，有一定关联，可是与健康没有直接联系。因此，在认知层次和知识内容两个方面都未能达标。另外，这道题考核的仅是记忆。

设计较好的题目采用了一个场景，让学生判断哪一类人会最直接影响安娜对吸烟的选择。这道题涉及分析，并且需要学生考虑到所有可能影响安娜健康规划的因素。因此，这道题的设计不仅涉及了要考核的内容，还考查了相应的认知能力。

本条原则是其他几条原则的基础：要真正做到“考其所考”，必须对考核内容和认知层有清晰的认识。以上案例与第三章的第一个步骤（学习目标的内容分解）也相关，都谈到了思考方式对题型的影响。

原则 2：采用情境示例

以上题目中采用情境示例的形式，对于考查高层次认知行为十分重要，它能让学生真正做到学以致用。如果只是将课堂上做过的练习照搬进考试，哪怕难度较高，也只是考查了学生的记忆和理解。举个例子：在社会学考试中，学生需要对第一手资料进行分析，然后探讨宪法的制订依据。如果只在选择题中引用一段课堂上讲过的文献，那么这道题就只是考查学生的记忆。然而，如果采用一个从未见过的文献，那么这道题就有了新鲜感。请看图 4.26 的例子。

州考试标准

得克萨斯州英语语言艺术与阅读（等级三）知识技能目标

文学体裁

学生需要对小说和诗歌的表达和艺术效果进行分析……辨识和解释文本中比喻手法的使用目的和艺术效果，尤其是象征符号和隐喻的使用。

在约翰·斯坦贝克《珍珠》一书的结尾，珍珠成了________的象征。 A. 人类战胜自然的力量 B. 人类克服伤感的能力 C. 人类在死亡面前拥有爱的能力 D. 人类通过努力战胜邪恶	在约翰·斯坦贝克《珍珠》一书的结尾，珍珠成了人类克服伤感的能力的象征。 在小说结尾，主人公齐诺将手中的珍珠扔入大海。这个举动最有可能象征什么？ A. 齐诺对上层阶级的嫉妒 B. 齐诺对杀害柯尤狄托的凶手的仇恨 C. 齐诺对自己生活处境的坦然 D. 齐诺为美好未来的牺牲精神

图 4.26　采用情境示例

这个例子来自得克萨斯州的州考题，考核学生对不同体裁中文学技巧的掌握情况，而认知层次包括了判断和解释文学技巧的目的和效果。识别和阐释文学作品中的象征意义涉及较高的认知层次。教师一般采用大量文学作品的片段，通过大量举例来讲解这些内容。但是，如果教师只在课堂上帮助学生识别和解释文本中的象征符号，然后考核时只考查课堂上讲过的例子，那么这样考查的又仅是较低的认知层次。如果要考核学生较高层次的认知行为，教师可以选择全新的文学作品，或者让学生尝试以某种全新的方式来阐释作品中的象征符号，这些方式都可以积极调动学生的高级认知行为。

设计较差的题目要求选择“珍珠”符合的象征意义，对于学生而言过于复杂。而设计较好的题目中，由于教师并未在课堂上讨论过主人公投掷珍珠这一行为的象征意义，所以可以考查学生的阐释（或者分析）能力。此例再次证实了一个教学与评估之间的至关重要的关系。要考查考题是否采用全新的案例来评估学生的认知能力，教师必须再三核实教学内容和方法。

原则 3：对考核内容“取难舍易”

考题的难易程度可高可低。难度低的考题一般仅涉及一个或极少数的知识点，而难度较高的考题包含的知识点更多、更广。例如，一道历史题考查美国内战中几次重大战役的时间，这一知识相对简单，学生只需要记住相关日期和战役名称即可。但是，如果题目要求对其中一场战役发生的原因及相关历史事件进行解释，难度就大幅度提高了。不难看出，简单的题目对认知的要求只停留在记忆和领会这些较低的层次上，而难度较高的题目则会涉及分析或者评价。下面我们通过一道 3 年级的科学课试题来进一步说明。

弗吉尼亚州的科学课考试对“水循环”做了考查要求。具体而言，学生需要理解整个循环，包括蒸发、凝固和熔化。考试标准中的动词“探讨”和“理解”说明了这一内容应该涉及较高的认知层。

州考试标准 **弗吉尼亚州考试标准——3 年级科学** 学生需要探讨和理解水循环以及其与地球上生命体之间的关系。核心概念包括…… ◆ 水循环包括了几个步骤。	
水蒸发后变成 ________。 A. 液体　　B. 固体 C. 气体　　D. 溶液	这一天，天气炎热，下起了阵雨，随后转为晴天。地面上一摊摊积水最有可能变成 ______。 A. 气体　　B. 液体 C. 固体　　D. 溶液

图 4.27　对考核内容“取难舍易”

设计较差的题目仅需要学生记得“蒸发”的定义便可顺利答题。如果考试标准对蒸发概念只是要求达到记忆的程度，那么左边的题目就已经可行。然而，标准明确指出，能够探讨和理解水循环的各个环节，那么我们就需要通过“蒸发”这一步骤扩大到整个循环过程。设计较好的题目通过一个具体情境，将“蒸发”的概念融进了一个循环过程，这样，学生不仅需要知道“蒸发”的定义，还要理解“蒸发”和其他环节之间的关系，并且能够对这些现象进行分析。

原则 4：加长题目提示

题目提示的长短决定了学生获取信息量的多少。包括两到三句话的较长提示可以提供一些情境信息的同时，也给题目的理解增加了难度。在编写提示时，应注意分析学生是否能够在没有提示的帮助下答题。如果可以顺利答题，那么无论提供多长的提示信息都属多余，这样，最终考查的可能只是学生对题目的理解和对相关知识的记忆，而不是考查更高层次的认知行为。此外，应确保不要在提示词中泄露答案，不然学生可以轻而易举地找到答案。

目前，很多州的社会科学课在考试标准方面比较关注学生的分析和解读能力。例如，威斯康星州要求高中毕业生能够读懂历史资料，并且通过举例来判断对历史事件解读的正误。

州考试标准

威斯康星州考试标准——12 年级社会科学

学生需要对重要历史事件阐释的有效性进行评估判断。

以下选段分别来自阿特金森（Atkinson）以及布莱克·霍克（Black Hawk）对 1832 年巴德阿克斯（Bad Axe）事件进行的描述。阅读后请回答下列问题：

“蒸汽船‘勇士号’向河流的上游开去……要去向苏族通报索克人的军队已经逼近：在返回时，在靠近开战地点的地方，发现了一群索克人。我们受到攻击，接下来便发生了一场小规模战役。”

◆ 亨利·阿特金森将军，美国军队，巴德阿克斯战役

“我们一直在（密西西比河），但很快便发现一艘蒸汽船驶来（‘勇士号’）。我告诉了我的战士们不要开枪，因为我们希望能够和平登船，解救我们的女人和孩子……我拿了一小团白棉花，放在一个杆子顶端……我告诉一个温尼贝戈人，让他告诉船上的人，我们是索克人，希望停火投降。一个在船上的温尼贝戈人向我们大声呼喊，让我们‘逃跑，并躲起来，因为这些白人要开枪了！’……接下来，船上便向我们开火了……”

◆ 布莱克·霍克，索克人领袖，巴德阿克斯屠杀

以下哪些最能够解释美国政府针对巴德阿克斯地区发生的事件对印第安人制订的政策？圈出所有正确的选项。 A. 将他们从西部撤离 B. 给他们提供一定的土地赔偿金 C. 对他们进行文化同化教育 D. 从印第安人手中购买土地 E. 对印第安文化进行保护	以下哪种方式最适于对发生在巴德阿克斯地区的事件资料做出分析？勾出所有正确的选项。 □ 对 1832 年那个地区地形图的研究 □ 对布莱克·霍克的后人进行采访 □ 对两位当事人的口述进行比较 □ 对交战双方勾勒的战略图进行分析 □ 对战后拟定的真实的政府公文进行分析

图 4.28　加长题目提示

学生在答题过程中是否需要信息提示？设计较差的题目就没有提供情境信息，学生只需要了解 19 世纪美国政府实施的印第安人政策就行了，因此无法考查学生对一手材料的理解能力，以及判断历史事件的诠释的有效性的能力。这种现象很常见：历史考试往往缺乏情境、地图和图表等背景信息（Suh & Grant，出版中）。

设计较好的题目虽然不能直接评估学生的解读能力（这需要建构反应式题型），但却采用了很好的素材，考查了学生对历史事件的诠释的有效性进行判断的能力。题目要求学生思考如何确保对历史的诠释有效，其核心问题就是：究竟在 1832 年的那一天发生了什么事情？

另外，以上例子属于多选题。注意，在设计较差的题目中，选项

被分为了 A、B、C、D 和 E。尽管题目要求圈出所有选项，但由于字母项一般只出现在单项选择题，所以这样标注容易误导学生漏选答案。设计较好的题目采用了可以打钩的方格，避免了误差的出现。换言之，采用方格提高了此题的信度。

原则 5：提供图形提示

图形提示包括了关系图、图表、地图、相片、文件剪辑等多种形式。与情境提示相似，图形提示的作用在于引导学生有效地回答问题。所以，情境提示设计的有关事项，也同样适用于图形提示，即一定要在必要时才使用图形提示，并且不能泄露正确答案。学生应该对图形提示中的信息或者数据进行阐释。很多时候，图形提示可以作为很多题型的基础。我们来看下图 4.29 中的两个例子。

州考试标准

选自佛罗里达州考试标准——3 年级数学

学生需要使用四则运算来判断和解释序列规律。

曼纽尔想存钱。每周他存进小猪存钱罐的钱要比上周的多一些。

周	存款
1	0.25 元
2	0.50 元
3	0.75 元
4	1.00 元
5	?

曼纽尔第一周存了多少钱？

A. 0.25 元

B. 0.50 元

C. 0.75 元

D. 1.00 元

如果继续按照这种方式存钱，到第五周时曼纽尔可以存入多少钱？

A. 1.10 元

B. 1.25 元

C. 1.50 元

D. 1.75 元

图 4.29 提供图形提示

在孩子的早期教育中已经开始使用图形。在佛罗里达州，当学生读完 3 年级时，已经能够识别和解释不同的数学公式，并使用加减乘除进行运算。图 4.29 中的例子考查了学生对图表中一系列数字的处理能力。左边的题目考查的是学生的理解能力，而不是解决问题、辨识或解释序列的能力。因此，这种设计无法真正考查学习目标所要求的解读图表的能力。

设计较好的题目要求学生对数列进行分析，并解决相关问题。学生必须分析增量的递增规律才能答题。这样的设计方式体现了考试标准所要求的认知层和知识内容。

采用图形提示的优点在于以一种全新、形象的方式，帮助学生与题目涉及的知识内容进行互动，从而不断提高被评估的认知水平。提供图形提示考查的是学生活学活用的能力。所以，在题目中将情境和图形结合，可以充分考查学生的应用或者分析等较高认知层。

具有效度和信度的选择反应式题型设计：科学与艺术的结合

本章以及前一章讨论了设计评估的科学原理，即“考其所考”，以及如何避免系统误差。我们列出了设计有效评估的七大步骤，以创建一份既针对知识内容又符合认知层的高效度评估。这些原则清晰明了，却也抽象乏味。这体现的正是评估设计的科学客观性。然而，在这个过程中，也同样存在艺术的创造——像诗人一样去创作，对每一选项斟字酌句，或者像画家一样勾勒出一幅幅图形提示，以加强学生与试题之间的互动。

本章还重点讨论了信度，即在设计选择反应式题型的过程中如何减少系统误差。此外，我们还讨论了如何确保评估的认知范围符合州考试标准，以提高试题效度。教师们可以遵循本章提出的技巧和方法来针对较高水平的学习目标设计评估，以至提高试题的效度和信度。最后，我们也谈到了机考中出现的“选择反应式”题型，并讨论了与其相关的设计原理。

第五章 如何设计建构反应式题型?

认知范围的考核

根据题目类型和难度，建构反应式题型可以考核不同层次的认知行为。“建构反应式题型”是指那些需要答题者根据问题或者提示给予解答过程的题型。这种题型的答案一般具有一定限定性，要么只有一种正确答案，或者答案是需要学生通过整合相应的知识来建构的。

在2011至2012年期间，某些建构反应式题型反复出现于一些州考试题中，例如27个州采用了简答题，38个州在英语测试或其他语言测试中使用了论述题（例如论文），19个州针对其他科目也采用了论述题（教育周研究中心，2014）。一些州开始根据《共同核心州立标准》来设计考试。大学与职业生涯准备度评价联盟与智能平衡评估联盟都已在其测试中纳入了建构反应式题型，以及任务评估题型（PARCC，2014；智能平衡评估联盟，日期不详）。由此可见，建构反应式题型已经成为州考体系及教师日常教学测试的主力军。

建构反应式题型和展示型任务

智能平衡评估联盟对建构反应式题型和展示型评估任务做了明确区分，他们将前者界定为要求学生根据问题作答，撰写一段文字，或计算一个数字的那类题型，而后者则涉及更高层次的思辨和分析能力，并可以对多个学习目标进行一次性考核（智能平衡评估联盟，日期不详）。此外，展示型任务的回答一般要求更长、更全面。尽管本书并不对这两种评估类型进行深入讨论，但本书就建构反应式题型提出的设计方法，同样适用于展示型任务的设计。

本章重点讲述各类建构反应式题型（或展示型任务）的设计原则。

我们依然采用案例对比法来具体阐释每条设计原则。这些原则都是在总结了教育界众多专家、教师、教育负责人的研究，以及作者作为教师的自身经验的基础上撰写而成（Gronlund & Waugh，2013；Hogan，2007；Popham，2014；Stiggins & Chappuis，2012；Taylor & Nolen，2008）。本章采用的试题案例包括了较为常见的建构反应式题型，例如填空题、简答题和论述题。这些题型基本用于笔试，也普遍运用于课堂教学测验。另外，建构反应式题型还包括展示型评估、项目制作和原创发挥等形式，但这类题型不适用于笔试。它们通常融入课堂教学之中，以项目、课堂展示或原创设计的形式与笔试结合进行评估。

在第四章中，我们着重讨论了选择反应式题型的设计原则，即考其所考（即效度），以及减少系统误差（即信度）。此后，我们又探讨了如何设计针对高级认知层的选择反应式题型。我们在本章的后半部分将采用同样的形式，依照第四章提及的出题原则，通过案例分析来具体阐释如何设计针对高层次认知行为的建构反应式题型。

建构反应式题型设计方法

在设计建构反应式题型时，必须考虑三个要素：每道题都应包括题目提示（就题目内容和如何答题给予说明）、答题格式（涉及答题的各种辅助信息，例如如何作答、在哪里作答、答题时长、答题所需工具等），以及评分标准（对学生答题情况的预测性区分）。图 5.1 提供了认知这三个要素之间关系的图像方式。

首先值得注意的是，各要素间的箭头同时指向前后两个方向，这说明在设计建构反应式题型的过程中，可以从其中任何一个要素开始，但最终三者均要周密计划和落实。我们可以从三者中的任意一个开始，但大多数教师一般会选择从题目提示入手。但按照我们以往的经验，题目提示也是设计过程的最后环节，但在设计题目提示时，教师们往

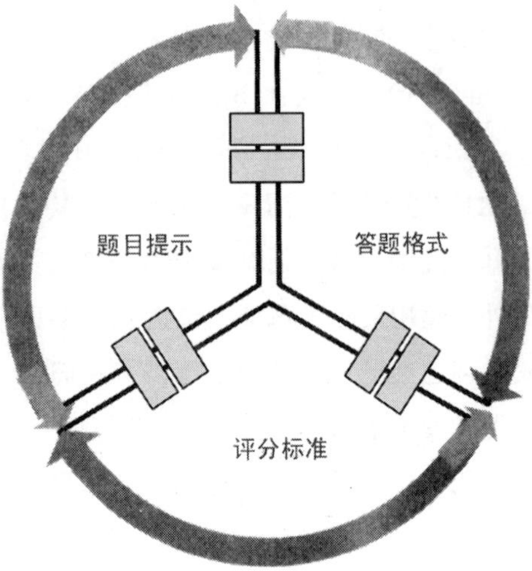

图 5.1　建构反应式题型的三个要素

往不会对答题格式或评分标准进行计划，而是时常等到改试卷时才来临时制定评分标准。我们不推荐此做法。

其次，大家注意到了每个要素之间标有等号。这个符号象征着题目提示与答题格式、答题格式与评分标准以及评分标准与题目提示之间保持一致。我们将在此后的几节中重点讨论三者之间一致性的问题。设计的三个要素及确保它们之间的统一是设计高效度及高信度的建构反应式题型的基础，这样的试题可以确保：

1. 题目根据教师制定的教学要求对学生进行考核；
2. 学生在答题过程中展现自己的真实水平，包括所知及所不知；
3. 题目不泄露正确答案；
4. 题目不误导学生答题。
5. 评分标准清晰，以便能够真实反映学生的所知与所学。

以下我们会通过举例的方式说明这些要素的设计原则。

题目提示

每个建构反应式题目或活动，都是从设计题目提示开始。从本质上来说，题目提示就是向学生提供需要解答的问题。这个问题可以简单，例如要求填写一个正确的词或词组的填空题；也可以复杂，例如要求学生设计一个图表来表示改变食物链所带来的影响的简答题。这两种情况无论是哪一种，题目都应该清晰描述所提问题。以下是设计题目提示的几个基本原则。

方法 1：确保问题清晰、准确。如果题目所提的问题不清晰，提示的语言含糊，就会误导学生答题，造成系统误差。学生给予的答案也许很有道理，但却并不是教师设计这道题目时所期待的答案。为了避免这种情况发生，出题者可以首先思考一下这道题的正确答案，然后根据正确答案来设计提示。我们来看图 5.2 中的案例。

较差的设计
解释合成反应和分解反应。

较好的设计
解释合成反应和分解反应之间的其中一种区别。

图 5.2　方法 1：确保问题清晰、准确

这道题目的目的在于了解学生是否掌握了两个概念之间的区别。设计较差的题目要求学生直接解释“合成”和“分解”两个概念，然而题目真正的目的在于考查学生对两者区别的了解。如果真是如此，那么为何不在提示中明确说明呢？设计较好的试题就明确指示学生思考两种反应的差异，并列举其中一种差异着重描述。这种提示帮助学生更清晰地了解题目所考，从而提高正确答题的概率。

关于简答题

对于不同认知层的考核，简答题是一种十分有效的方法。与填空题相比，简答题对答案的要求不止一个词或词组，却又比论述题的答案要求简短些。简答题的优势之一在于，能够考查选择题或填空题较难涉及的那些知识内容。例如，教师可以设计一道选择题来考查学生对两位数加法的掌握，但如果希望了解学生是否能对两位数以上的数字进行运算，那么采取能够展示演算过程的简答题才是更有效的方式。这样教师才能评估学生是否真正懂得如何运算。

类似的案例也可以出现在论述题的提示语设计中。论述题的提示必须在引导答题方面确保清晰、准确，学生才能正确答题。针对这一原则，我们时常听到的一种抱怨是："这不就等于直接给学生答案了吗?"当然不是。论述题在描述问题时如果泛泛而谈或过于限定，对于学生来说都是不公平的。如果提示过于空泛，会造成学生过分解读题目，在理解上与题目初衷产生偏差；如果提示过于狭隘，学生可能会机械性地作答，而不去调动更高层次的认知能力，给予具有见解的答案。解决这个问题的一种方法就是首先针对试题的参考答案列出所有答题要点，并在此基础上专门针对题目提示进行精心打造。我们来看图 5.3 中的两个例子。

较差的设计

论述 20 世纪 50 年代和 60 年代非裔美国人开展的人权斗争。

较好的设计

请用五个自然段，论述 20 世纪 50 年代和 60 年代非裔美国人在社会、政治、经济三个方面所开展的人权斗争，并运用真实历史事件来论证你的观点。

图 5.3　方法 1：确保问题清晰、准确

设计较差的题目给予学生的思考范围过于宽泛，但这道试题明显在考查学生是否了解非裔美国人维权的方式，以及与人权斗争运动有关的具体历史事件。设计较好的题目就明确指明了这点，并涉及了高层次的认知行为，即要求学生分析人权运动中的具体事件，并从三个不同的方面对相关历史事件进行分析。此外，设计较好的题目提示对学生的作答给予了一定限制：一是论述包含五个自然段，二是需要列举真实历史事件。答题格式与提示同样重要，我们将会在下一节具体讲解。认真设计的答题格式为学生答题和教师评分都提供了明确的参考标准。

方法2：避免在提示中出现选择。 曾经作为学生的你是否做过这样的简答题或论述题，即从五个问题中任选三个（或其他数量）来回答？可能当时的你抹去一头虚汗，松了口气，因为你对其中一些问题的答案比另一些更有把握。于是，你立刻挑选那些有把握的问题来回答。剩下的两个问题，你要么完全不知所云，要么不确定答案的正确与否，而这两题恰好可以选择不答。真是让人如释重负！

教育界经常讨论的一个话题是给予学生多种选择。这种理念可以让学生的各种特长得以发展，但也给考查学生对重要学习目标的掌握带来一定问题。如果学生在做简答题或论述题时可以有选择地答题，而且每道题都涉及各自不同的知识内容，也许还包括认知层，那么，教师应该如何判断学生是否掌握了那些没有回答的问题所涉及的知识呢？因此，教师们十分有必要理解可选型简答题或论述题的真正考核目的所在。我们来看以下例子：

较差的设计

根据《安妮日记》的内容从以下三个论述题选择一项作答。

选项1：描述本书中涉及的主要内在矛盾和外在矛盾，以及这些矛盾是否化解；如果有，矛盾是如何化解的。

选项2：选择本书中两个人物，描述他们是如何塑造的，以及在整本书中是如何改变的。

选项3：讲述本书中是如何使用意象比喻的。

较好的设计

我们在课堂上学习了《安妮日记》。安妮向我们描述了她的家人，他们彼此之间的矛盾，以及他们与外部世界存在的矛盾。请采用我们课堂上讲过的论述模式，对以下问题进行回答：

1. 安妮及其家人所面临的外部和（或）内部的两个矛盾冲突。
2. 不同的家庭成员的性格特征如何影响他们对矛盾的处理方式。

采用故事中的具体事件来证明你的观点。

图5.4 方法2：避免在提示中出现选择

设计较差的题目允许学生在三个论述题中选择一个作答。第一个论述题关注矛盾冲突；第二个关注人物发展；第三个关注的是意象比喻的使用。首先，这些问题就《安妮日记》这本书而言设计得不够合理。其次，每个题目考查的知识点有所不同，因此教师应该针对不同的学生提供不同的评估信息。而设计较好的题目更加具体，而且对于这本小说来说更为合理。题目将冲突以及人物整合在了一起，调动学生对多种知识的综合运用能力。这样考核的知识范围更广，所有学生就同一个问题作答，允许教师对学生之间的作答情况进行比较分析，并根据目标细化表列出的预期学习目标来判断学生的学习情况。由于设计较好的题目去掉了与意象比喻有关的问题，因此教师需要设计其他的题目来考核这一修辞手法。

答题格式

答题格式指的是答题过程中涉及的后勤事项，例如在哪里作答，如何作答，完成试题所需时长、空间、辅助器材等。以下是设计答题格式的一些基本方法。

方法 1：明确说明学生该如何答题以及所需辅助器材。我们经常假设学生自己会知道该如何就一个问题作答，然而，这样的假设也会导致学生没有按照我们预期的那样答题。譬如，我们期望学生是以完整句式的形式作答，还是画图表，或是数学运算？答题的格式对学生而言不应该是一个谜，而应该在题目提示中交代清楚。请看图5.5的例子。设计较差的试题问题虽然比较直观，但关于如何作答的提示仅仅是“展示你的计算结果”。设计较好的试题对答题格式做了更明确的说明，例如使用文字、数字或图画，这样学生也能更好地选择适合的作答形式。

较差的设计

贾马尔有三个儿女。现在他为每个孩子做了两块曲奇饼。请问贾马尔一共做了多少块曲奇饼？展示你的计算结果。

较好的设计

贾马尔有三个儿女。现在他为每个孩子做了两块曲奇饼。请问贾马尔一共做了多少块曲奇饼？请通过文字、数字或者图画来展示你的计算结果。

图 5.5　方法 1：对学生如何答题以及所需辅助器材做出明确说明

此外，答题过程中也许会使用辅助材料。学生是否需要一把直尺或刻度尺，需要一张方格纸、化学元素表，还是五线谱？最后还有一个问题：学生需要多少时间来完成这道题？一个学生一般情况下需要30至60秒来完成一道单项选择题，建构反应式题目则需要更长的时间，而且时间长短不定，完成一道填空题可能花30秒，而完成论述题可能就需要30分钟。在设计建构反应式题目时，需要考虑学生在要求时间内完成整套评估或测试是否可行。

关于扩展型建构反应式题目的一些思考

与简答题相比，一些建构反应式题目涵盖的范围更大，例如历史课或英语课的论述题、根据已知情境设计一个实验方案的科学课试题，又或者要求罗列两支曲目的谱曲特征之间异同的绘图题。扩展型建构反应式题目允许教师对高层次的认知行为进行考核。这些题目也许需要学生分析政策间的异同，或者通过整合信息全方位阐释自己的理解，又或者判断观点论述的准确性。这类题目需要学生耗费更多的时间完成，教师也要花更多的时间来批改，但它们可以对较高的认知层次以及更深层的知识进行考核。

方法2：留出足够的空间填写答案。试卷应预留足够的空白给学生填写答案。年龄越小的学生，因为还处于练字阶段，所以试卷需要预留更多的空间给他们填画。教师同时还应当考虑采用线形格式是否比空白页更有利于学生作答。从我们以往的经验来看，如果试卷上有两条线供学生填写，他们就会只写两行，或者更少的答案。这就是结构决定行为！（换言之，答题空间的设置会对学生答题行为本身带来影响，从而使这道题目在效度上出现问题。）作为一个基本原则，每道简答题的作答空间应该设置得大小一致，以避免学生认为作答空间越大的简答题要求的答案越长。如果填空题中某些空格明显长于另一些，学生也许就会误认为这些题目要求填写更长的词或词组，而那些空格短的填空题就意味着正确答案是相对短些的词或词组。我们经常在同一道填空题中看到不同长度的空白，例如图5.6。

较差的设计

美国政府与平原印第安人之间签署的第一份重要合约叫作 ____。

总统可以通过授予__________________ 赦免犯罪分子。

较好的设计

美国政府与平原印第安人之间签署的第一份重要合约叫作 __________________________。

总统可以通过授予__________________________ 赦免犯罪分子。

图 5.6 方法 2：留出足够的空间填写答案

从设计较差的题目中，学生知道第一道题的正确答案比第二题的要长。在设计较好的题目中，每道题中空格的长短相同，因此减少了学生不凭借自己对文本材料的理解，而仅是通过试题格式猜出正确答案的概率。当然，教师们在设计题目时应该注意，如果你希望学生将答案写在试卷提供的空格上，而不是其他什么地方，那么这些线条就必须足够长。

关于填空题

填空题或完形填空题适合考查例如记忆和领会这种较低层次的认知行为。这类题型可以避免猜题，因为学生必须知道正确答案，没有选项可供选择。此外，填空题还在批改方面相对容易，可以让评估时间得以充分利用。一些测试在其完形填空中使用了词汇表。这种题型并不属于建构反应式题型，而是更接近配对题，因为学生可以从词汇表提供的选项中进行选择。如果您准备设计这类附带词汇表的填空题，可参看我们在第四章对配对题设计方法的讨论。以下，我们再补充几条有关这类完形填空题的设计方法：

- **将空格放在题目最后。**将需要填写的空格放在题目末尾，可以让学生充分理解题目后再答题。相反，如果空格出现在题目的开端，那么学生需要重读题目才能答题，这样降低了答题效率。
- **控制空格数量。**你是否见过一种完形填空题有很多空缺需要补充，多到学生必须懂得读心术才能猜出答案？我们肯定见过了。这种设计容易导致误差产生，因为学生在答题过程中没有获得足够的信息提示，容易造成答题错误。

评分标准

每道建构反应式题目都应具备一套与之配套的、清晰的评分标准。选择反应式题型相对更简单，评分更加客观。学生必须从选项中进行选择，教师只需对学生的选择进行评分。同样，批改填空题或完形填空题也相对容易，因为提供的答案比较固定，没什么花样，且无须再做思考。而简答题和论述题的回答五花八门，而且形式还可能多种多样，所以批改起来更加费时耗力。但并非一定如此。制定核心评分标准可以让简答题或论述题的评分成为一个更加客观，而非纯主观的过程。我们并不是在宣传采用评分标准可以彻底消除主观因素，评分标准不能做到这点！设计和使用评分标准都需要大量的专业知识和较强的判断能力。尽管如此，当教师们在没有评分标准的情况下，批改一道建构反应式试题时，会无意识地受到主观因素的影响，在评分上缺乏一致性，产生误差，这些后果都会破坏试题的潜在信度，从而也影响了效度。

评分标准的种类。评分标准会根据种类和复杂程度进行区分。有些评分标准只需要几分钟就能完成，而另一些则要更长时间，这些都是根据考核目标所涉及的知识内容和认知层次而定。常用于批改建构反应式题型的评分标准有三种：评分清单、整体性量规和分析性量规。这些评分标准适用于各种评估情形，由题型以及教师需要考核学生学习情况所涉及的知识程度而定。下面，我们对这三种方法一一进行讨论。

*评分清单。*简单来说，“评分清单”就是指回答中需要涉及的一系列相关行为或相关信息一览表。评分清单适于快速打分。清单关注的是与评估项目有关的具体行为。清单不对答案设置评分等级标准。教师们只需根据清单内容，核查答案中是否包含了要求列举的知识点和（或）认知行为便可。

评分清单不适用于批改那些考查不同等级知识或能力的试题。所以，我们建议清单只用于批改简答题，而不是复杂的论述题。例如，我们较难通过学生是否能做一道简单的计算题来考查其计算能力的程度。也许教师们希望看到学生某些具体的计算步骤，但是这些步骤依然很难体现计算能力程度。我们推荐在批改简答题而不是论述题时，可以考虑采用评分清单。论述题对于知识技能的要求较为复杂，清单在这里并不合适。图 5.7 中的评分清单可以用于批改图 5.5 中设计较好的题目。

________1. 在答题过程中，学生使用了图片、文字或数字。(1 分)
________2. 使用的图片、文字或数字正确回答了题目所问。(2 分)
________3. 答案是正确无误的。(2 分)

图 5.7 评分清单示例

以上的评分清单清晰说明了正确答案中包含的步骤。还应注意的是，清单中同时也标明了分值，总分为 5 分。清单中的第一项关注学生是否能够运用数字、文字或图片来阐述一个问题，这是一项重要的技能。因此，如果一个学生采用画图的方式来回答，但是答案错误，学生依然可以获得 1 分。另外两个清单项关注答案的正确性，这也是评分的重要标准。

评分量表

评分清单的另一种常见形式是评分量表。与清单相同，量表适用于批改那些涉及许多独立的学习目标的建构反应式题目。量表还可以根据回答的多样性或完整性进行评分。例如，也许教师设计了一道简答题，要求学生解释故事中两个人物发展的区别。评分量表对学生的回答制定了 1～4 分的范围。其中，4 分意味着答案对每一位人物都进行了完整且正确的描述；而 3、2 和 1 分意味着答案在准确性和（或）完整性上有不同程度的缺失。由此可见，评分量表是评分清单和整体性量规的结合体，具有清单的有效性，同时还兼顾了答案的多样性。

整体性量规。整体性量规是一个有效的工具，被很多州用于标准测试的批改。“整体性量规”对学生在回答建构反应式题目中的总体表现给予了一系列的等级评分，但并不涉及答题中的具体行为或信息。

所以，量规重点关注学生考试表现的等级区分。不同等级对答题有不同的描述。评分者必须按照等级给分，所以不会出现一个学生的回答属于两种等级这样的情况。

试题

我们在课堂上学习了《安妮日记》。安妮向我们描述了她的家人，他们彼此之间的矛盾，以及他们与外部世界存在的矛盾。请采用我们课堂上讲过的论述模式，对以下问题进行回答：

1. 安妮及其家人所面临的外部和（或者）内部的两个矛盾冲突。
2. 不同的家庭成员的性格特征如何影响他们对矛盾的处理方式。

采用故事中的具体事件来证明你的观点。

设计较差的评分量规

共 20 分，每个冲突 10 分。

设计较好的评分量规

优秀（20 分）——对安妮及其家人所面临的矛盾冲突有清晰且深刻的认识，同时充分说明每个家庭成员的人物特征对其在处理矛盾方面的影响。能够引用故事中的具体事例进行说明，且证据充分。论述清晰、说服力强、格式正确。习作中基本没有出现语法错误。

良好（15 分）——对安妮及其家人所面临的矛盾冲突有一定认识，同时对每个家庭成员的人物特征对其在处理矛盾方面的影响有一定了解。能够引用故事中的具体事例进行说明，有一定说服力。论述清晰、客观，格式基本正确。习作中存在一些语法错误。

有待提高/有待加强（10 分）——对安妮及其家人所面临的矛盾冲突认识有限，同时对每个家庭成员的人物特征对其在处理矛盾方面的影响基本了解。能够引用故事中的具体事例进行说明，但不充分。论述方面不够清晰，格式有误。习作中存在较多语法错误。

不合格（5 分）——对安妮及其家人所面临的矛盾冲突不太了解或者存在误解，也不清楚每个家庭成员的人物特征对其在处理矛盾方面的影响。引用的故事中的具体事例无法说明观点。论述方面不够清晰，格式有误。习作中存在较多语法错误。

没有答题（0 分）——学生没有作答，或者回答无法评分。

图 5.8　整体性量规示例

图 5.8 中设计较好的评分细则属于整体性量规。量规中不同的等级通过例如“优秀”“良好”“有待提高/有待加强”以及“不合格”等词汇进行了标注。每个等级同时还对应了不同的分值。图 5.8 中的量规细则是根据图 5.4 的题目制定的。设计较差的评分规则在描述方面

非常有限，让评分者不知所措，教师也许还计划对书写格式和语法进行评分，但是这些项目都没有在量规中体现。设计较好的量规清晰地描述了具体分值，而且教师也知道了在批改答案时该关注哪些方面，他需要在回答中具体查看以下四个项目：

- 描述安妮家人存在的矛盾，以及他们如何处理这些矛盾
- 引用故事中的具体事例进行说明
- 正确掌握论述题的写作格式
- 正确使用语法

整体性量规适用于简答题、论述题以及其他建构反应式题型。不像评分清单（或量表）那样，整体性量规没有条条框框的限定，而是让教师对回答从总体上有个把握。然而，整体性量规无法涉及答题过程中的具体步骤，这时就需要分析性量规。

分析性量规。分析性量规专门用于那些可能会涉及多个步骤或技能的更加复杂的评估。“分析性量规”指对题目中的每个环节都设置了明确的评分标准，便于分辨答题者的强项和弱项的评分体系。这种量规不仅让学生对自身情况可以有更清晰的认识，同时也帮助教师更充分地了解学生的表现水平，以便对以后的教学方式进行调整。对于教师来说，分析性量规在设计和运用方面都相当耗时，但是提供的信息却十分宝贵。图 5.9 是一个分析性量规的案例展示，可以用在写作考试中。分析性量规并不适用于所有的建构反应式题型；一道短小的简答题也许使用评分清单或者量表就足够了，但对于那些解答环节繁多且复杂的题型而言，分析性量规在分解答题环节方面更为有效。

	不合格 1	有待提高 2	良好 3	优秀 4
写作结构	学生缺乏语篇结构的相关知识。	学生的作文缺乏对语篇结构全方位的把握。	学生对语篇结构有一定把握，但总体缺乏一致性。	学生对语篇结构的把握准确，全文一致、连贯。
语言表达	学生缺乏语言表达的相关知识。	学生的作文缺乏对语言技巧全方位的把握。	学生语言表达较为娴熟，部分地方缺乏一致性。	学生语言表达娴熟、统一。
语法使用	学生缺乏相关语法知识。	学生的作文存在一定的语法错误。	作文中的语法基本正确。	作文中的语法基本正确，且丰富多样。

图 5.9　写作题评分的分析性量规示例

分析性量规将写作分解成三个部分：写作结构、语言表达和语法使用。学生也许在前两个部分表现优秀，但在最后一个“语法使用”环节却只得了 2 分。后来，学生自己和教师都知道，学生具有较强的写作能力，但语法方面有待加强。可见，分析性量规可以为教师和学生提供评估反馈。我们将在第六章重点讨论有效的反馈方式。

评分标准的设计原则。无论是评分清单、整体性量规还是分析性量规，都需要在设计方面精雕细琢。下面，我们根据建构反应式题型的评分标准，提出几个基本设计原则供大家参考。

1. 针对考题要求，细化学习目标。这是最关键的一步。评分标准需要与学习目标和试题保持一致。对于所有评估题型，这一步是确保重中之重的效度的第一步。

2. 写出建构反应式题目的提示语。题目自身可以成为设计评分量表或量规的起点。在设计评分标准之前，教师们必须知道他们将要评估的内容。

3. 选择最合适的评分标准类型。评分标准的类型取决于题目类型、题目难度，以及评估结果的用途。譬如，如果教师希望考查学生比较和对比方法的应用能力，那么分析性量规更适合。如果评估的主要用途是进行总结性评价，那么评分量表或者整体性量规会更适合，也会更有效。

4. 设计评分细则。评分细则应是根据考题的方方面面及考试结果的用途来设计。图 5.10 中列出了每种评分类型涉及的各个方面。

5. 再次检查题目，确保学习目标与题目提示、答题格式和评分标准一致。在设计评分细则之后，必须再次审阅题目，以确保评分细则能有效区分学生水平，同时还要确保题目提示语的设计能够给予所有学生一个正确答题的机会。有关一致性的概念，可回顾图 5.1。

6. 考试后使用评分细则。从我们以往的经验来看，只有真正开始使用评分细则，才能够进一步了解评分细则的信度。也许你发现了评分细则并不清晰，或者其中的一些项目存在重叠。只有在使用了评分细则之后才能对其进行改良，以便下次使用。

7. 分析评估结果。测评结果能给我们提供很多宝贵信息，包括学生的学习情况和课程的教授情况。采用评分清单进行评分，可以反映学生在学习过程中存在的具体问题；采用整体性量规，可以对学生的表现有个全面了解；采用分析性量规，可以使学生和教师对学生的强项和弱项有不同程度的了解。

评分清单

☑ 列出答案中必须涉及的关键内容、事实或者步骤。
☑ 列出答案中必须涉及的关键内容、事实或者步骤的具体分值。

整体性量规

☑ 根据答题的完整性，或答题表现的优劣程度来划分等级。
☑ 清晰描述每一等级所涉及的答题情况。
☑ 列出每一等级的具体分值。

分析性量规

☑ 根据答题的完整性，或答题表现的优劣程度来划分等级。
☑ 列出答案中必须涉及的关键内容。
☑ 根据不同等级及每个等级所涉及的关键内容制定预期回答。
☑ 列出每一项的具体分值。

图 5.10　不同评分类型的设计提示

评分标准的重要性：一位教师的反馈

我们非常幸运，能够与全国，乃至全世界各地的教师合作。通过合作，我们更加深刻地认识到评估的重要性，及其重要性的缘由。有这么一次，我们与一个教 3 年级的教师团队合作，编写一套通用的数学测试。一位教师提醒说："这些通用测试应该配有一套通用的评估标准。"他正说到点子上了！哪怕团队里每位教师都使用同一套试题，如果评分标准不同，测评结果也会出现分歧。这样就没有"通用"可言了。此外，不同的评分标准会导致教师对学生考试情况的期待出现偏差，影响教师对学生学习能力的判断。

以上七个原则为评分标准的设计提供了一个大纲。和目标细化表一样，评分标准无须在形式上过分精雕细琢。草稿纸或者纸巾都可以派上用场！毕竟，设计出好的评分标准，合理批改答卷才是最重要的。只要评分标准不会泄露标准答案，教师们应将评分标准与学生共享（希望这时不是在一张纸巾上）。我们对评分标准设计的讨论就到此为止；下面我们将谈谈评分标准的应用。

使用评分标准的提示。按照以上原则来设计评分标准，不仅可以确保简答题或论述题等题目考其所考，还能检测某套评分标准是否适用于某种题型。如何应用评分标准同样至关重要。也许，你在设计方面做到了评分标准与学习目标和题目保持一致，具有了较高的效度，然而其信度却在实际应用中大打折扣。下面，我们列出了针对实际改卷的一些提示，每一项都提供了一个教师情境，然后是详细说明。

提示 1：评卷时应该将试卷匿名。阿朗索是 8 年级的英语教师。最近，他正在结合一本小说讲解议论文的写作。前不久，他的学生完成了一篇针对正在学习的那本小说的议论文。目前，他正在批改学生们的作文，评分标准采用的是专门针对州考试作文设计的评分量规。阿朗索老师非常欣赏玛拉琪的作文。这位同学课堂表现优秀，认真又勤奋。而艾丽卡则恰恰相反；她经常不交作业，而且写作水平极差。阿朗索老师还没读艾丽卡的作文，就已经能够想象她的作文会是什么样。然而，这一次艾丽卡在作文写作中的表现相当好，甚至与玛拉琪的水平相当。

教师也是人。我们对学生的印象建立在他们以往的表现上。阿朗索老师也是如此，他从玛拉琪和艾丽卡的作文中寻找证据来证明他对“好学生”和“差学生”的看法。由此可见，在使用评分量规时，依然无法避免主观偏见。假如教师在一开始便采用匿名的方式批改作业（即批改时隐藏学生姓名），那么这样的偏见便不会发生。这样做可以有效避免偏见，从而确保了试题的信度及效度。

提示 2：时刻翻阅已评试卷，以确保评分的一致性。罗兹老师在预科高级班教美国历史。她设计的论述题与这些学生即将参加的预科考试相似。她批改一份答卷一般需要 30 分钟，相当耗时。罗兹老师会在一天的早、中、晚三个时段改一些试卷，以免过度疲劳。一天晚上，她批改了一份答卷，由于将分数和评语写在了另一张纸上，罗兹老师并未发觉这份答卷是她之前已经批改过的。等她发现时，这个答卷已经有了两个不同的分数。这时，罗兹老师意识到了问题的严重性，开始从头逐个翻阅已经改好的试卷。

每个人在一天中的精神时好时坏。教师也是如此。情绪会影响评分。避免这种情况的有效方法就是时常翻阅已改过的试卷，再次核实分数。这叫作内在评分信度（见第二章）。罗兹老师就是在内在评分信度方面存在问题，她在不经意间发现自己给了同一份答卷两个不同的分数。

提示 3：将评分标准与其他人分享。巴迪亚是一位自然科学教师，她所在的中学比较重视跨学科写作，所以在她的课堂教学和考试中都采用了写作，而评分标准则是学校制订的。此时正在教师休息区批改作文的巴迪亚老师遇到一点小麻烦。她在分数上犹豫不决。另一位教自然科学的老师萨姆斯碰巧也在教师休息区改试卷。于是两位教师就评分标准聊了起来，最后决定将随机抽取各自的一部分写作试卷交换批改。

有时，使用评分量规来改试卷是件让人头疼的事，尤其是这份量规是由第三方机构制订的。以上描述的场景就属于这类情况，与评分者间的信度（见第二章）有关。巴迪亚老师不能确定自己是否正确使用了学校制订的评分标准，担心会影响评分者间的信度。如果这时邀请另一位教师和她一起批改，这样就可以将自己与另一位同事的评分进行比较，从而确保评分的信度。

提示4：如果你的试卷中有两项或以上的题目需要使用同一份评分标准，可以先批改所有试卷中的同一道题，然后再着手批改下一题。

塞巴斯蒂亚诺老师教5年级的语言课。他采用含有简答题和论述题的笔试，考查学生对不同小说中修辞手法的掌握。很长时间以来，塞巴斯蒂亚诺老师每一次批改试卷都是改完一份，再改另一份。后来他参加了评分量规设计工作坊的学习，学习了另一种批改方式：每一次将所有试卷中的同一道题改完，再批改下一道题。塞巴斯蒂亚诺老师在尝试这种方法一段时间后发现了它的好处：他可以清楚地了解全体学生某道题的答题情况。另外，他在批改另一份试卷时无须从头再一次熟悉评分标准，因此也提高了他的批改效率。

塞巴斯蒂亚诺老师在批改试卷上做出的调整，可以帮助他了解全班学生在某一题的整体表现，同时还节约了时间。每当他换一份试卷批改时，他不用再每批改一道题就去看一遍这道题的评分标准，而是可以凭着一份评分标准，把所有试卷的同一道题从头到尾改一遍。这样的评卷方式有效提高了评分的信度。

综上所述，设计和使用评分标准时需要格外细心，还要考虑周全。以上提供的方法和注意事项可以提高建构反应式试题的效度和信度，整套试卷的效度和信度也得以强化。

题目提示、答题格式和评分标准的整合

我们在本章中对创建任何一种建构反应式题型的三大要素进行了

详细介绍，那就是题目提示、答题格式和评分标准。我们详细讨论了每一种要素，还列出了对应的设计原则。在本章开始部分我们也提到，三个部分之间的关系十分密切，因此确保三者间的一致性尤为重要。为了更清晰地说明三者的一致性，我们不妨看一下图 5.11 中的例子。这道题主要考查学生根据水循环原理设计循环图形的能力，以及解释不同环节与整个循环过程有何关系的能力。下面，我们就从题目提示、答题格式和评分标准三个方面来详细分析这道题。

> **题目提示**。提示语清晰、明确地说明了所考知识点：水循环概念，以及循环过程中的主要环节。
>
> **答题格式**。这道题的答题分为两个部分，首先是画图，然后是写作。答题格式说明清晰明确，教师只需确保在答卷上预留足够的空间让学生写字、画画。
>
> **评分标准**。教师对这道题采用分析性量规来判断学生三个方面的能力：画图能力、描述能力和段落结构知识。注意，这道题共 7 分；其中，前两项能力的分值较高，而段落结构只值 1 分。由此可见，比起写作技巧，教师更关注学生对科学知识的掌握。当然，写作对于思想交流也是十分重要的。

通过以上的分析可以看出，题目提示、答题格式和评分标准三者之间是一致的。对学生的评估是根据他们是否理解题目提示语，以及是否按照格式填写答案。此外，本题也体现了相应的学习目标。以上设计都提高了本题的效度和信度。

学习目标：

学生能够建构水循环模型图，并对其中的蒸发、凝结和沉淀环节进行描述。

提示与答题格式：

在以下空白处画出水的循环过程，并标注出其中的几个重要环节。然后用一个自然段描写水循环的基本原理。注意清楚标注循环中的几个关键环节，并详细说明环节之间的转换机制。(7 分)

评分标准：

	0	1	2	3
模型图	没有画图	包括一个关键环节	包括两个关键环节	包括三个关键环节
段落写作	只写了一句话或更少。	写了两句或更多。		
解释说明	没有对环节之间的关联进行描述。	正确描述一个转换过程。	正确描述两个转换过程。	正确描述三个环节，以及如何实现一个完整的"循环"。

图 5.11　题目提示、答题格式和评分标准的整合

文化偏见

学生因为各种因素而有着不同的生活经历。这些因素包括学生的母语、成长阶段，以及在家庭、博物馆或其他文化机构接受的知识等。由于学生的文化背景不同，有时建构反应式题目会含有不利于这些学生的术语或词汇。在设计建构反应式题目时，教师必须反复检查题目，以确保描述题目的语言和术语与考试内容相关，不要因为术语或表达的使用，而让本已具备相关知识的学生丢分。请看以下这个例子。

提示语： 修改以下句子。
题目： 你读过《时代周刊》吗（*have you ever read time magazine*）
学生回答： 你有时间读杂志吗？(*Have you ever had time to read a magazine?*)

图 5.12　检查题目中的文化偏见

以上例子是一道建构反应式题目，要求学生必须修改句子中的语法错误。学生的回答显现了这位同学如何修改这个句子的。这道题主要考查语法知识的应用，尤其是字母大小写和标点符号。其中，题目考查学生是否知道专有名词应该首字母大写。从学生的回答可以看出，这位同学很有可能没有接触过“时代”（*Time*）所指代的事物，因此不知道这个单词其实是指一本杂志，因此他将这个句子按照自己的理解进行了修改。根据这位同学对句子的修改情况来看，教师无法判断学生是否知道专有名词首字母要大写这个知识点。由于题目涉及文化偏见，这道题不经意下导致了误差的产生，从而降低了整个题目的效度和信度。

小学低年级课堂中的建构反应式题型

我们在上文中提供的案例一般用于小学的高年级、中学以及高中水平。小学低年级的课堂测试也可以采用大量的建构反应式题型来考查学生的学习情况。和小学教师合作时，我们经常会使用“评估活动”这一名称，而不是“评估试题”。本章探讨的有关题目提示、答题格式和评分标准的设计原则，对低年级的课堂评估同样适用。例如，教师可以使用一堆小熊玩具，设计出一道加法运算题让学生做。题目提示可以由口头描述，答题格式则涉及学生如何摆弄玩具，而评分标准主要参考加减运算法则。可见，本章提到的原则对设计低年级评估同样有效。

针对高级认知层的建构反应式题型设计原则

我们在第四章介绍了五个基本原则用来设计考核高级认知层的选择反应式题型。建构反应式题型，特别是论述题，专门考核包括应用、分析、评价、综合在内的高级认知行为。因此你可能会好奇，为什么我们还要在本章讨论这个显而易见的问题。这是因为，我们根据自身经验发现了不少简答题和论述题看上去考查的是高级认知层，实际上考查的却是记忆或知识。而此前提及的那些选择反应式题型设计原则，同样适用于建构反应式题型。本节中，我们将同样以案例对比的方式，对每条原则逐一进行简述。读者可以参照第四章有关这些原则的讨论做进一步了解。

原则 1：细化考核内容和认知层。这一条原则在本质上与题目的效度有关。试题考查的知识内容和认知行为是否是严格按照州考试标准或者教学目标来安排的？也许试题只注重知识内容，而忽略了认知层次。我们来看以下的案例。

州考试标准 **内华达州高级音乐鉴赏考试标准** 学生能够根据不同曲目的音乐形式，通过描述其中的音乐元素的运用以及表现手法，分析其所代表的流派、风格以及文化。	
较差的设计： 解释卡里普索音乐中的表现手法。	**较好的设计：** 请听以下两首曲子，并描述其中体现本土文化的音乐元素。 用一个自然段描述乐曲片段中使用的表现手法，以及其所代表的本土文化。 【*学生听两首曲子*】

图 5.13　原则 1：细化考核内容和认知层

以上例子中，内华达州的考试标准说得很明确，考查音乐表达方式应用的有关知识，以及对不同文化背景音乐的分析能力。学生必须聆听音乐片段，以及解释曲中表达本土文化的音乐元素。设计较差的题目仅要求学生解释卡里普索音乐中采用的表现手法。这意味着学生并不需要通过聆听卡里普索音乐来辨识其表现手法。在设计较好的题目中，学生必须聆听两首曲子，辨识音乐中的表现手法以及解释这些手法如何展现这首乐曲涉及的本土文化。这样，学生分析的是两首不同的曲子，而不是一首。设计较差的题目并没有针对标准中要求的相关知识和认知层来进行考查。

原则 2：采用情境示例。采用情境示例的题目可以有效地判断学生是否能够将已学知识灵活地应用于新场景，或以新角度来思考问题。学生必须具备相应的知识和技能才能正确答题。以高中社会学为例，相关标准要求学生对内战前美国南北地区的情况进行对照和比较。在教授学生有关南方和北方的知识后，教师要求学生就南北差异设计一份较为全面的图表来展现二者之间存在的异同。图 5.14 是根据这个标准设计的两种题目。

北卡罗来纳州的考试标准要求学生掌握导致内战爆发的关键问题、相关事件，以及南部重建过程中的成果。很多历史课都会重点讲解美国内战时期的南北差异，而在这个具体案例中，学生需要以一个详细图表的方式展现所学知识。因为设计较差的题目没有涉及具体情境，因此考查的仅是学生对这一知识的记忆。表面看来像是分析题，但是如果阅读题目提示就不难发现其真正考查的认知层。当然，学生必须应用他们的所学，但只是简单地重述在课堂上已经讲过的内容。

设计较好的题目包含了由教师精挑细选出来的时政文章，抨击当时内战相关事件。这种一手材料可以考查学生对信息的阐释和分析能力，以及将文章中的观点与南北差异等相关的历史知识进行整合的能力。采用时政报道确保了学生对相关问题的理解达到了一定程度，以及为了理解题目提供的新情境所付出的努力。这个认知过程远远超越了记忆。

<table>
<tr><td colspan="2">州考试标准
北卡罗来纳州美国历史考试标准
学生能够对导致美国内战的事件进行分析，讨论内战带来的影响，以及南方重建对整个国家带来的影响。</td></tr>
<tr><td>较差的设计
对南北地区在内战前的异同进行描述。使用具体历史事件来支撑你的论述。</td><td>较好的设计
分析以下有关内战的评论文章。
【呈现教师选择的一份相关文章】
根据以下问题，论述你的观点：
——文章关注的焦点有哪些？
——文章提出的有关南北地区的观点及立场是什么？
——报道事件对内战带来哪些影响？
——对战后出现的相关问题提出了什么解决办法？
使用具体历史事件来支撑你的论述。</td></tr>
</table>

图 5.14　原则 2：采用情境示例

原则 3：对考核内容"取难舍易"。考试内容可难可易。比如说，写一篇描述矛盾冲突的论文，也许会比写一篇讨论小说人物特征以及人物如何处理矛盾的论文要简单一些。简答题和论述题涉及的知识越复杂，考查的认知层次越高。请看图 5.15 中的例子。

州考试标准 **得克萨斯州英语核心知识与技能要求** 学生能够对故事文本中的不同元素进行对照和比较，例如主题、矛盾以及互文性。	
较差的设计 对扬·马特尔的小说《少年派的奇幻漂流》中人物之间的冲突进行描述。使用小说中的事例来支撑你的论点。	**较好的设计** 扬·马特尔的虚幻小说《少年派的奇幻漂流》反映了理想主义与现实主义之间的这个永恒的二元对立体。 请写一篇论文，分析导致两种主义之间产生矛盾的原因，并以一个虚幻人物和一个真实人物为例具体说明。使用小说中的故事情节来支撑你的观点。

图 5.15　原则 3：对考核内容"取难舍易"

这道题是根据得克萨斯州高中英语核心知识与技能的要求编写的。得克萨斯州要求学生不仅能识别文学作品中涉及的矛盾冲突，还能分析冲突之间存在的相同和不同之处。在设计较差的题目中，学生只需要识别小说《少年派的奇幻漂流》中的一个人物冲突。就相关标准而言，这个任务设计得过于简单，并未深入教学目标的考查主旨。

设计较好的题目不仅要求学生能够辨识矛盾冲突，还能对在虚构和真实两种人物类型之间发生的冲突进行分析。然后，学生必须比较矛盾对人物造成的影响，这就涉及分析思辨能力了。事实上，学生甚至需要对人物进行评价，以判断他们是虚构还是真实的。由此可见，设计较好的题目更贴切地反映了州考试标准的复杂度。

原则 4：加长题目提示。较长的提示为学生提供了一些背景信息。学生必须将这些信息与已学知识进行关联才能答题。在设计长的提示时应注意，设计较长提示语要紧扣问题，不要泄露标准答案。我们来看一个案例。

<table>
<tr><td colspan="2">州考试标准
华盛顿州科学课考试标准
学生能够描述风蚀和水蚀的反应原理……，并对产生侵蚀的主要原因进行说明。</td></tr>
<tr><td>较差的设计
土壤因降雨而松弛，被水流剥离，这就是侵蚀。不仅只有水流才会造成侵蚀。
描述侵蚀的反应过程，并解释造成侵蚀的一个原因。</td><td>较好的设计
土壤因降雨而松弛，被水流剥离，这就是侵蚀。不仅只有水流才会造成侵蚀。
请列举出另一种造成侵蚀的作用力。在论述中，你需要：
——讨论具体是什么原理造成了侵蚀；
——描述这种侵蚀发生的过程和地点。
在回答中采用文字、标注的图表和（或）标注的图片。</td></tr>
</table>

图 5.16　原则 4：加长题目提示

华盛顿州的州考试设有简答题。在以上的题目中，学生必须在回答中表现出理解并且能够描述侵蚀的反应过程及原因。设计较差的题目只需要学生将提示词的内容重述一遍。这就像一道阅读题，而不是科学课试题，从而影响了题目的构念效度。（有关构念效度的概念请参看第二章）

而设计较好的题目首先对侵蚀过程进行了简单描述，然后要求学生在此基础上，思考另外一种造成侵蚀的作用力，同时要求解释这种侵蚀的反应原理。题目提示已经提供了足够的信息让学生读懂要求，而且没有泄露答案。

原则 5：提供图形提示。图形提示与充分的文字提示的作用相似，让学生充分理解题目要求，以便答题。同样，在设计方面需要确保图形提示对简答或者论述题的解答有必要，但是不能向学生泄露答案。图 5.17 中的两个案例展示了如何使用图形提示来提高所要考查的认知层。

宾夕法尼亚州采用的是《共同核心州立标准》。标准要求学生能够设计并解答20以内的加减法。案例中的图表就是让学生展现他们对这一

州考试标准

宾夕法尼亚州核心标准

学生能够对 20 以内的数字进行加减运算。

以下图表展现了每个人所吃的曲奇饼数量。

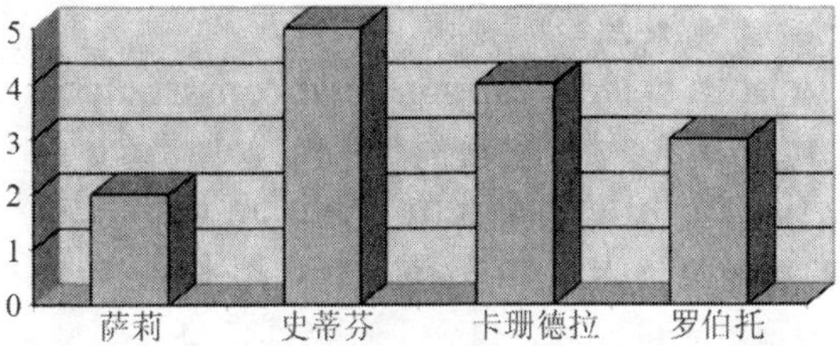

较差的设计	较好的设计
请问萨莉吃了多少块曲奇饼?	史蒂芬比罗伯托多吃了多少块曲奇饼?请使用图形、文字或者数字来展示你是如何得出答案的。

图 5.17　原则 5:提供图形提示

知识点的掌握情况。在设计较差的题目中,学生仅是在阅读图表。但是,对于 1 年级的小学生而言,要读图,并且还要准确无误地读懂图表是比较困难的。因此,就需要设计解读。然而,设计较差的题目并没有达到州立标准,而且无法考查学生是否能够运用图表中的信息来进行加减运算。在设计较好的题目中,学生通过使用试题信息做减法题,并且还能展示出来。这样,教师可以正确地衡量出学生是否能够理解图表、再现问题和解决问题,即考查了学生的应用和分析能力。

具有效度和信度的建构反应式题型设计:题型选择需谨慎

设计建构反应式题型需要一个明确的方法,而且这个方法要同时关注题目提示、答题格式和评分标准三个方面。如果一道题目的提示含糊不清,答题格式不明确,以及(或者)评分标准杂乱无章,都会影响评估结果,给教学带来不良影响。为每一道题设计一份评分标准,以及批改每一道题也许会让你担心耗去太多的时间。在刚开始的时候的确如此，然而一旦制定了针对某项技能或某组知识的评分标准，那么就可以反复用于相同类型的内容考核或技能考核。这样的话，采用评分标准的针对性更强，反而节约了改卷时间。

一份综合了选择反应式以及建构反应式两种题型的试卷能够更加全面地考查广泛的知识内容和不同层次的认知行为。这也是为什么我们不断强调，试卷应该根据考查对象，包含多种多样的题型的原因。选择最合适的题型可以确保考其所考，提高效率的同时还避免了误差。另外，针对课程单元设计的，包含了选择性反应式题型、建构反应式题型以及课堂表现任务、项目和（或）原创作品等多种形式的单元评估，能够涉及整个单元所有相关的学习目标。

第六章
如何正确使用评估？

使用评估

学习并不会随着评估而停止。但是，也许考虑到很多现实情况后，你会不同意这个观点。例如，一位教 9 年级的英语教师，花了两个晚上在家批改单元测验的试卷，标上 85、72、43、99 之类的分数后，在第三天退还给学生。她在错误的地方打叉，并对简答题和论述题中的原则性错误和语法错误做了相应的扣分。当她将批改好的试卷退还给学生时，她遗憾地说："看来，你们中有些人并没有认真学习。"然后她笑着补充道："不过，还是有部分同学完成得很好！"她最后要求学生将试卷带回家给家长签字，并提出，凡是第二天交回签了字的试卷的学生都可以获得额外的 5 分。接下来，教师叫学生将试卷夹进笔记本，然后开始上新课。

也许你已经从这个案例中看到了一些不妥，我们也看到了。首先值得肯定的是，这位教师在批改试卷方面行动迅速，还尝试与学生家长沟通。然而，她对评估的反馈仅是一个个单纯的数字，然后就是口头上笼统地对学生的学习习惯进行了责备，还有随便加分。这些行为都影响了这份评估的样本效度。此外，我们还发现，这位教师通过一些语言表达，向学生暗示这次考试标志着本门课程的学习结束了。也许这些并不是她的本意，但是她的言行举止好像在说："我们学习了这些内容，没有学习那些内容。好，现在我们来学新的内容。"

学习不能因考试而停止，实际上恰好相反。我们在本书的第一章就谈过，评估测试是与学习和教学过程相互贯通的。

形成性评估

对于本章标题提到的问题有个非常简单的答案。问：“如何正确使用评估?”答：“根据评估结果，对学生的学习情况做出合理推论，并在此基础上对教学方法做出相应调整，从而进一步推动学生的学习。”简单来说，当学生的考试结果成为促使他们学习成型的动力时，这样的评估就与学生学习链接了。这就是第一章提到的形成性评估。

教育工作者和政策制定者往往误以为形成性评估本身就具有形成的特性，但事实并非如此。评估的形成性体现在它的使用方式上。例如，很多人将小测验视为形成性评估的一种，因为它在分数计算方面风险低；更重要的是，它可以就学生对学习目标的掌握情况提供一些信息，即学生目前所学水平位于知识架构中的哪个层次。然而，如果教师对学生进行了小测验，给予的反馈仅是一些分数而已，不会根据评估结果对教学做出相应调整，也不会给学生其他一些反馈方式，那么这份测验就不具备形成价值。

相比之下，单元测试通常被认为是总结性评估，因为它往往在一个阶段的学习结束时开展，并且对学生所学程度的评估相对比较全面。这种考试的成绩一般会录入学生档案，在整门课程的成绩中占一定比例。但是，总结性评估也可以具有形成性。例如，教师带领学生针对自己的答题情况和预期学习目标进行对比分析和反思，推导出自己在学习过程中的不足之处，然后重新回到试题上来进行修改。这种方式，或者其他任何一种对帮助学生改正自身的错误并调整学习策略的方式都具有形成性。

在20世纪60年代早期，教育研究领域就对形成性评估和总结性评估做出了区分。那时，通过使用心理测量学和项目评估等相关方法，来评价或者加强课程或其他教育项目（Grant & Gareis，2014）。从那以后，划分形成性评估和总结性评估之间的方法就逐渐成了今天我们讨论的样子。在前言和第一章我们已经讨论了相关概念，尽管这些概念早已出现，但事实显示，依然有很多教育工作者在实际课堂教学中不能有效地开展形成性评估（Grant & Gareis，2014）。实际上，大多数的教师都知道分析和使用评估结果对教学和学习的重要性，但是他们就是不清楚如何才能实际、有效地操作。

为何教师需要分析学生的学习情况?

在本章中，我们会通过实例来讨论学生学习情况的分析问题。在此之前，首先谈谈为什么要分析。简而概之，有五大原因：

1. 了解学生的学习特征和学习情况；
2. 对接下来的教学方法进行调整；
3. 对以后的课程、教学指导以及评估进行调整；
4. 将学生的学习特征和学习情况向他人展示（尤其是以分数的形式）；
5. 提供反馈，帮助学生进一步开展学习。

后面的章节将对以上五点一一讨论，以此作为一个分析流程。

使用目标细化表的分析方法

再次重申，很多教师都知道分析学生的学习情况对于教学和学习过程都很重要，但是，究竟有多重要呢？针对这一问题，我们首先来看一个案例。富兰克林老师在初中教社会学。他和他的教师团队一起设计了一堂课叫作“政府机制的历史根源与执政原则”，还共同设计了一套对应的课程评估。首先，他们查阅了自己所在区域的课程计划大纲。然后对照大纲要求，根据自己擅长的知识领域列出了一份详细的学习目标清单。具体内容如下：

◆ 列出并阐述美国政府机制的历史根源；

◆ 解释政府基本原则：被统治者许可、有限政府、以法治国、民主制和代议制政府；

◆ 能了解并阐述《美国宪法》序言所提到的宪法宗旨；

◆ 能够描述修订《美国宪法》时需要采取的步骤；

◆ 清楚了解《独立宣言》《联邦条款》，包括《人权法案》在内的《美国宪法》等历史文件的重要性，并能从中举一反三，正确解释其中涉及的政治立场；

◆ 能够辨析现今政府事件中的真假是非。

通过对学习目标的细化，教师们明确了这一课涉及的知识内容和认知层，还对每项的重要性进行了不同等级的划分。富兰克林老师和他的同事们在此基础上制作了目标细化表，并以此为蓝图设计了两套核心试题。其中一套是基于学生表现的评估，涉及了一个情境应用，要求学生阅读一份有关当代公民权利的案例，并根据自己对一手历史材料的理解，分析现今某个涉及公民权利的事件。此活动以小组进行，每个小组要对此案例确立观点，并需要有两份一手历史材料作为理论支撑。最终，讨论结果要以“白皮书”的形式展现；另一套考核则是单元测验，包括了单项选择题和简答题共 25 题。图 6.1 展示了教学小组制定的学习目标细化表。

政府机制的历史根源与执政原则的目标细化表　　　　年级：8年级

知识内容	认知需求层次					
	记忆	领会	应用	分析	评价	综合
美国政府机制的历史根源	√ 略述 1、2	√ 描述 3、13				
政府基本原则：被统治者许可、有限政府、以法治国、民主制、代议制政府		√＋ 解释 5、10、16	√＋ 归类 18、19、25			
《美国宪法》序言所提到的宪法宗旨	√ 辨识 11、17	√ 解释 7、20、24				
修改宪法的流程	√ 辨识 6、14					
《独立宣言》《联邦条款》，包括《人权法案》在内的《美国宪法》等历史文件的重要性，并能从中举一反三，正确解释其中涉及的政治立场		√＋ 解释 9、12 PBA		√＋ 举一反三 4、8、21 PBA	√ 辩护 PBA	
现今政府事件中的真假是非				√ 区分 15、22、23 PBA		

数字代表单元测验中的题号；PBA代表课堂展示考核。

图6.1　8年级公民课目标细化表示例

在分解学习目标和设计试题的过程中，富兰克林老师和他的教学团队相互交流起来。他们讨论、分享、重新调整其中一些多次验证有效的教学策略。这就是合作出题的优点。他们的成功合作不仅使课程、教学指导和评估之间的对应关系更加紧密，而且还促进了教师间的团队合作精神。我们将在下一章具体讨论合作出题的好处，就目前而言，我们暂且先来了解一下富兰克林老师如何分析学生的学习情况。

学习情况分析总览

据我们所知，富兰克林老师最近刚好给学生做了那份单元测验，并且已经改好了试卷。现在，他开始根据总体情况来分析同学们的学习情况。首先建立学习情况总览表，即整个班级的答题情况。他做了简单的计算，根据学生人数算出了全班的平均分，百分制的 84 分。看着这个分数，富兰克林老师觉得还不错，但他还想对全班的考试情况做更进一步的了解。

显然，通过这个平均分，他无从知道班里有多少人的考试成绩在 84 分左右，又有多少人远远低于或者高于这个分数。这个平均分只能看作全班作为一个整体在 100 分中取得了 84 分。因此，他还需要另外几个数据：中间值、众数以及极差。在这个情况下，富兰克林老师还需要一份分数分布情况统计表（图）。以下是他的统计结果：

	A	B	C	D	F
学生人数	14	20	10	1	5

图 6.2　8 年级公民课测试成绩分布示例

这份分布表让富兰克林老师对本班学生的学习情况有了更清晰的了解。虽然有 16 名同学得了低于 B 等级的分数，但是让他感到欣慰的是，成绩并没有出现两极分化。这说明，学生在学习方面没有出现不学无术的极端情况。

目前看来，富兰克林老师通过成绩总览表对学生学习情况的分析让他更具体地掌握了学生知识掌握的程度。然而，他还没对同学们的知识结构特征开展调查。

答题情况分析

为了掌握学生知识结构的特征，富兰克林老师针对每道题进行了答题情况分析。这个操作方式可以很先进，特别当评估的批改是在电脑或者扫描机上进行时；但我们的富兰克林老师没有这个福气，因为试卷中的简答题（每题 4 分）需要用手改。于是他使用了一种传统但依然有效的方法：首先对每一道题的正确回答人数进行了统计；其中，选择题的对错比较明确，而简答题只要得到 3～4 分就等同于回答正确。以下是他的统计结果：

1) 85%	**8) 95%**	**15) 50%**	**22) 45%**
2) 85%	**9) 100%**	16) 80%	**23) 50%**
3) 95%	10) 80%	17) 80%	24) 85%
4) 90%	11) 85%	18) 85%	25) 90%
5) 75%	**12) 100%**	19) 80%	
6) 75%	**13) 95%**	**20) 20%**	平均分：
7) 85%	14) 90%	**21) 100%**	84%

图 6.3　8 年级公民课测试答题情况统计示例

这份统计表更深层次地展示了学生的学习情况。例如，富兰克林老师对那些达到或超过一半学生答错的题号使用了下划线的粗体（第 15、20、22 和 23 题）。富兰克林老师会核查这些题目的设计是否导致了随机误差，例如标准答案有误、提示模糊或其他与信度有关的因素。富兰克林老师还会检查那些有 95%的同学答对的题目，它们是用粗体标记。这类题目也许也会有系统误差，以至于让学生可以在没有掌握相关知识技能的情况下依然回答正确。

采用以上的分析方法可以提高试题的信度，从而提高其效度。这样做很实用，因为富兰克林老师和他的团队希望在接下来的教学中继续采用这套试题的框架，这就意味着有必要每年对这套题的准确性进行强化。换言之，这样做可以不断提高这套试题的效度和信度，这也是为什么教师需要对学生的学习情况进行分析的五大原因之一，我们在本章开篇时提过这点。然而富兰克林老师到目前为止，还没有完成五步中的第一个步骤，即收集有关学生学习程度（例如全班的平均分、成绩分布及题目分析）和学习特征的信息。

基于课程的学习情况分析

如果想了解学生的学习特征，教师需要从课程的视角来分析他们的学习情况。即富兰克林老师需要将学生的考试表现与预期学习目标结合在一起考虑。现在有了目标细化表和答题情况分析，这个步骤的准备就已经基本齐全。接下来就需要富兰克林老师将答题情况分析与目标细化表进行对照，就像图 6.4 中显示的那样。

政府机制的历史根源与执政原则的目标细化表　　年级：8 年级

知识内容	认知需求层次					
	记忆	领会	应用	分析	评价	综合
美国政府机制的历史根源	√ 略述 1、2	√ 描述 **3**、**13**				
政府基本准则：被统治者许可、有限政府、以法治国、民主制、代议制政府		√＋ 解释 5、10、16	√＋ 归类 18、19、25			
《美国宪法》序言所提到的宪法宗旨	√ 辨识 11、17	√ 解释 7、<u>**20**</u>、24				
修改宪法的流程	√ 辨识 6、14					
《独立宣言》《联邦条款》，包括《人权法案》在内的《美国宪法》等历史文件的重要性，并能从中举一反三，正确解释其中涉及的政治立场		√＋ 解释 **9**、**12** PBA		√＋ 举一反三 4、**8**、**21** PBA	√ 辩护 PBA	
现今政府事件中的真假是非				√ 区分 <u>**15**、**22**、**23**</u> PBA		

数字代表单元测验中的题号；PBA 代表课堂展示考核。

图 6.4　采用目标细化表与答题情况分析的学习情况分析示例

通过将答题情况分析与目标细化表进行对比，富兰克林老师已经能够推导出一些关于他的学生学习情况的信息。以下，我们仅列出了其中一些他可能获得的结论。

◆ 在六个学习目标要求掌握的知识点中（见表中每列相关内容），大部分学生完成得最好的是第 1 和第 5 题。尽管富兰克林老师想对其中某些题目（3、13、9、12、8 和 21）进行误差排除，但是出现这种大量题目同时具有误差的情况的可能性极小。换言之，在采用了第二章介绍的重测信度的原则后，富兰克林老师相信他的学生已经很好地完成了这几项学习目标。在这个结论的基础上他甚至还可以认为，自己下学期不需要再重教这几个内容，目前的教学方式也许已经很有效，因此也可以在下一年的教学中继续采用。

◆ 第 20 题可能存在信度问题。换言之，这道题可能存在一定的系统误差，才会导致这么多的学生答错。根据重测信度的原则，富兰克林老师基本不需要查看这道题便已经能够推导误差的存在。在针对同一学习目标的另外两道题（7 和 24）上，学生表现正常；这意味着第 20 题的答题结果很有可能是误差所致，与学生的学习情况无关。

◆ 通过对比，第 15、22 和第 23 题也出现了一定问题，但是很少出现三道考查同一学习目标的题目同时存在信度问题的情况。尽管富兰克林老师会去检查这些题目，但他已经能从现有结果获得一些有关学生学习特征的重要信息。很明显，大部分学生未能达成“能够区分现今政府事件中的真假是非”这一学习目标。鉴于此，富兰克林老师也许会对自己的教学方法做一些调整，重新讲授一次有关这方面的知识技能，要么直接插入这个知识点，要么将它与下一单元的教学整合在一起。他也可以制定一个更长远的目标，就是等到下一年上这个单元时，以不同的方式来教授这项技能。

在以上的案例中，富兰克林老师通过结合答题情况分析和目标细化表的方式，来分析学生的学习情况，向我们展示了教师可以如何高效使用课程标准（即预期学习目标）。这一做法的用途有三：其一，了解学生学习情况的特征和程度；其二，为近期的教学制定计划；其三，制定更长远的课程计划、教学指导计划和评估计划。这些是本章提到的分析学生学习情况五大原因中的三个。接下来我们将会对另外两个进行探讨，但在此之前必须指出，以上列举的案例只是这种分析法的一个版本。读者也许已经发现，还可以通过以下方式，采取目标细化表对学习情况分析做进一步的扩展和深化：

- 对每道题标注正确答题数所占的百分比；
- 在表格的每一栏中标注学生答题情况的总平均数；
- 对每一项知识内容（每行）的答题情况标注总平均数；
- 对每一项认知层（每列）的答题情况标注总平均数。

无论你采用哪种方式，关键需要确保收集的信息是有效和可靠的，正如富兰克林老师那样，才能对近期和长远的教学指导方案起到根本的促进作用（Hattie，2009）。总而言之，合理使用评估结果最终可以推动学生的学习。

评　分

尽管合理使用评估和分析评估结果可以激励学生，但是我们不得不承认，考试更多的是与分数挂钩，而不是学习本身。事实上，教师和学生对评分的看法可以在每次派发批改后的试卷时显而易见。这时，班里的气氛会格外紧张，大多数同学都在内心里不断询问："我会拿多少分?"

无论是有意还是无意，学生，甚至很多教师，都将分数视为对一次课堂交流结果的评价：你（教师）教我，我（学生）学习；你考我，我拿分。于是，分数也就成了评判教学结果好坏的标准（Brown，1981）。的确如此，评分就是一种评价，是系统性地对学生的学习特征或学习意义进行评估的过程。我们需要意识到，每给一份试卷打分就意味着一次评价过程，它强调的是有效和可靠的评分方式对学生学习的推动作用。

让我们看一下教育界的专家们是如何讨论评分的。根据古斯基（2011）的观点，评分从本质上来说就是一个清晰地传递信息的过程。科恩（Kohn）（2000）认为：不合理的评分方法可以对学生的求知欲、兴趣、主动性、自控力以及记忆力造成损害。在沙皮伊（Chappuis）（2014）看来，教师应该在评分之前，尽量给予每一位学生足够的学习机会，这才是评分的意义。以上学者的观点可以这样总结：每一位教师都应该深思熟虑如何传递有关学生学习特征和程度的信息。

试卷或测验一旦打了分，教师便在向学生传递有关学习特征和程度的信息。大多数情况下，这个看法往往只是由一个百分比或者字母代表；也有少数教师会打钩或使用笑脸符号。无论采用哪种标记，其作用都一样。评分是指教师根据学生在评估中的表现对其学习特征和程度做出的评价，并以数字或其他符号的形式向学生传递的过程。换言之，分数反映了学生在完成某一学习目标过程中体现的学习特征和程度（Gronlund & Waugh，2013）。

评分的类型就如同教师可以创建和使用的评估类型一样的多。另外，很多教师所处的学校和教学区在评分格式方面做了严格要求，这样限制了教师的评分可操控性。对此现象，我们重点讨论可以在打分过程中使用的两个基本原则：效度和信度，以此回答如何评分这一问题。我们在第二章提及，效度和信度是建构课堂评估合理性和公正性的两个核心概念，这两个概念对于建构合理、公正的评分体系也至关重要。

为了提醒读者，我们在此对两个术语的含义再重申一遍。首先，效度是指根据评估结果所做出的推论的合理程度。因此，教师们在批改试卷的过程中，必须清晰地认识到评分的意义所在，即按照课程目标的要求，对学生的学习表现给予评价。其次，信度是指评估结果的可靠程度或稳定程度。因此，教师应在评分过程中尽量避免误差。

简而言之，设计一份有效且可靠的试题的基本原理同样适用于试卷的评分。我们对此前讨论过的有关试题设计的原理进行了梳理。图6.5采用了第二到第五章提及的概念，并以问题的方式供教师们在自己的评分过程中思考。

效　　度	信　　度
1. 评估试题的设计是否与学习目标保持一致，并具有一定代表性？只有确保了试题的有效性，评出的分数才会有效（Bulter & McMunn，2006）。（请见第三章“设计评估的七个步骤”中的步骤1。） 2. 评估对不同试题的安排是否体现了学习知识和技能的相对重要性？换言之，更重要的学习目标的题目是否所占比例更大（Ory & Ryan，1993）？（请见第二章的“内容/样本效度”，以及第三章“设计评估的七个步骤”中的步骤2和步骤5。） 3. 如何对隐性知识和条件知识进行评分？例如，科学考试中的科技写作，是否会对其结构、语法和技巧评分？（请见第三章“设计评估的七个步骤”中的步骤1，以及第五章“如何设计建构反应式题型”。） 4. 采用什么符号评分？这种符号是否有效地向学生传递了其知识结构与掌握程度的相关信息？举个简单的例子，打钩（√）这种符号就不能将具体的学习情况反映给学生，而√、√⁺或者√⁻比较适合那些只有一道题的简答题小测验。	1. 评估是否将系统误差降到了最低值？（请见第三章的步骤6，以及第四和第五章有关测试题型的内容。） 2. 每一项学习目标是否有足够的题目以确保试题信度？（请见第三章的步骤5。） 3. 试题是否有附加分？如果有，加分标准是否明确、合理？无论是简答题、论述题还是计算题，都需要让教师和学生清楚了解加分规则，以及加分涉及的行为表现。（请见第五章“评分标准的设计”。） 4. 评分标准（包括参考答案和评分量规）是否客观？尽管整个评估设计过程无法避免主观性，但我们依然需要尽量确保评分的客观，避免偏见，避免考试时间、环境和其他外在因素给考试带来的不利影响。（见第五章“如何使用评分量规”。） 5. 试题分析是否可以帮助我们探查潜在的系统误差？如果可以，这些误差是否也能在评分过程中得到改善？题目分析可以让我们清晰地查找试题设计中存在的误差（Airasian & Russell，2012）。

图6.5　评分原则

图 6.5 的设计是为了说明批改试卷与设计试卷一样可以遵循效度和信度原理。此外，每一个问题都标注了相应的简述以及前几章的相关内容，体现了效度和信度在本书中的核心地位。我们希望，每一位教师无论遵循何种评分方式和原则，或者要达到何种教学目标，都可以使用到这些原则。

反　馈

任何一种评分方式的首要目标都是为了以清晰、准确以及公平的方式，将教师对学生学习特征和程度的评价传递出去。然而，评估的最终目标（因此也是评分的最终目标）是为了推动学生学习进步。连接评估与学生学习的桥梁就是反馈。

虽说分数属于反馈的一种，但是就推动学习来说，分数提供的信息是远远不够的。尤其是当学生成绩未能与考试设计背后的课程进行关联时，这个分数的意义就更弱了。课程领域的专家芬威克·英格利希（Fenwick English）（2010）将这一关联现象叫作“重连”（reconnecting）。

此前我们以富兰克林老师 8 年级的公民课进行的分析为例，说明了“重连”现象。即将目标细化表与学生的答题情况进行关联，富兰克林老师可以透过课程这副镜片，“清楚地看到学生的学习情况”，用英格利希（2010）的话就是，富兰克林老师将评估与课程进行了“重连”。

形成性反馈

课堂评估的最终目的在于推动学生的学习。教师考核学生，是为了清楚地了解他们对知识和技能的掌握情况，但是这个观察仅仅是从课程目标的视角来观察学生的考试表现。同样，如果学生仅仅将分数看作是一个个代表他们成绩好坏的数字、字母或者百分数，那么他们可能就会失去通过考试取得进步的机会。学生需要具体、易懂的反馈信息来了解自己的学习情况，这样才能建构性地、持续地促进他们的学习（Shute，2008）。这就是所谓的“形成性反馈”。

考试分数是课堂评估中最基本和最常见的反馈方式之一（Bangert-Downs，Kulik，Kulik，& Morgan，1991），但很有必要认识到分数本身附带了一个很大的包袱。想想美国的 A—B—C—D—F 评分等级所涵盖的意义。在美国我们都懂这个等级标记象征着什么：A 为优秀；B 为良好；C 为基本合格；D 为较差，但勉强合格；F 为不及格，即失败。只需要看看我们日常生活的其他方面，就可以知道这套打分系统在全国范围内的使用有多么广泛。例如我们对朋友说：“我给这部电影打 C。”或者父母对孩子说：“今天你打扫房间可以拿 A⁺。”无论 C 还是 A⁺，都有着特殊含义。

然而，使用这些符号的人们往往会忽略一个问题，那就是：为什么给那部电影打 C；为什么将打扫房间评为 A⁺？如果要让得分者知道这些分数的意义，就需要让他们知道哪些期望或标准满足了，哪些还未达到。上面的例子中，朋友也许会解释：“我给这部电影打 C，因为演员的演技不错，但是情节过于俗套，没有新意。”或者父母会对孩子说：“今天你打扫房间可以拿 A⁺，因为你把所有东西都收拾起来了，这样就更容易找到你的玩具，而且现在又有了更多可以玩耍的空间!”在这两个例子中，无论是那位业余影迷还是那个孩子心满意足的父母，都将他们的分数“翻译”成了这些分数所涉及的期望和标准。根据这些具体的标准，你可以决定去不去看那部电影，或者孩子因为对父母的期望有了更清晰的了解而会更加注意房间的整洁。以上两个案例展示的就是能够强化和推动学习的形成性反馈。

形成性评估对学习的推动作用

早有学者就形成性反馈对学习的推动作用进行了研究，近几年这一讨论又再次兴起。40 多年前，本杰明·布鲁姆从统计学的角度，提出了反馈对推动学习产生的积极意义。在这项研究中，他和他的同事们记录了实验中的学生与普通学生相比，在学习方面取得了明显进步（Bloom，1984；Bloom，Hastings，& Madaus，1971）。20 世纪 70 年代及 80 年代早期的研究均证实了课堂反馈的积极效果；我们对相关研究总结如下：

- ◆ 在学生主动接受和听取反馈意见的情况下，反馈具有推动学生学习的作用。
- ◆ 反馈能够提高学生的学习积极性。
- ◆ 反馈能够提高学生的自我监督和元认知（Bangert-Downs et al.，1991）。

此外，巴特勒（Butler）和温内（Winne）（1995）从反馈的教学意图层面，提出了课堂反馈的五个目的：

1. 确认学生已掌握的知识。
2. 补充知识信息。
3. 更正错误认知。
4. 优化现有知识框架。
5. 针对学习目标，加固学生的概念体系或认知图示。

在英国评估改革小组（1999）的相关工作中，在课堂测试中采用形成性反馈获得了越来越多的支持。越来越多的实证研究发现，教师在教学过程中采用形成性反馈可以显著推动学生的学习（Black，Harrison，Lee，Marshall，& Wiliam，2004）。另有一组研究者也提出了相似的观点，即反馈是高效教学中不可缺少的元素。在一项著名的教学策略元数据研究中，马尔扎诺（Marzano）、皮克林（Pickering）与波洛克（Pollock）（2001）发现给予反馈是高效教学手段之一。施莫克（2011）在其名为《如何教学》的章节中阐述了对高效教学设计为期 40 年的跟踪调查，并提出高效教学最有效和最“毋庸置疑”（p. 57）的手段之一就是检查学生已掌握的知识这么一个简单的策略（也是了解和给予反馈的第一步）。作为最全面的学习行为变量综述研究之一，哈蒂（Hattie）（2009）指出反馈是“学习的基本原料”（p. 24）。

有效反馈的基本特征

在第一章，我们将教学定义为一种由某一个体通过有目的地设计和实施不同的活动，导致另一个体在知识、技能以及（或者）兴趣上发生改变的过程；学习的定义是指学生个体在知识、技能以及（或者）兴趣方面所发生的相对稳定的改变过程。这两个定义意味着，学习者和其所处环境之间存在互动。在一篇有关反馈对于学习的作用的文献综述中，研究者们表明：

> 任何一种将学习视为学习者与学习环境之间的互动过程的理论，都必须或多或少涉及反馈，因为如果没有反馈，人与环境之间的沟通互动基本是不存在的。鉴于此，反馈建构经常成为众多学习和教学理论的关键元素。
>
> （Bangert-Downs et al.，1991，p. 214）

其他几项研究也同样提出了反馈对于学习的重要性。我们来看一下这些研究分别说了些什么：

学生属于那一类会根据课堂评估的结果做出相应调整的人群。

(Stiggins & Conklin, 1992, p. 184)

评估最重要的目的在于为学生以及教师提供反馈。

(Wilson, 2005, p. 100)

针对学习的评估必须涉及学生，为他们提供所需信息，让他们知道自己学习得有多好，引导他们调整学习方法……在这个鼓励终身学习的时代，学习意识和学生自主学习的能力越来越重要。

(评估改革小组，1999，p. 7)

要想做到有效，反馈应该促进思考。

(Black et al., 2004, p. 14)

如果细心查阅形成性评估的定义便会发现，由评估结果生成的数据要么由教师用以调整教学手段，要么由学生用以改进学习方法（即学生努力学习他们应该学习的知识内容的过程）。

(Popham, 2014, p. 292)

从以上的述评可见，评估反馈是以课堂评估来推动学生学习的一个重要方面（Brookhart, 2007/2008）。那么优秀的反馈意见具有什么特征呢？图 6.6 向我们展示了反馈在推动和支持学生学习方面具备的五大基本特征。

还须注意，这五个基本特征虽不相同，但却相互关联。教师们应该明白，为了使评估有效地用于推动学习，那么这五个特征中的任何一种都同等重要。例如，仅仅是准确、具体的反馈是不够的。为了让反馈的效果达到最大值，还须满足诚实、及时和具有建设性这三点。因此，教师们需要在反馈方式的设计上多下功夫，以最有效、最实际的途径来引导学生。

诚实 诚实的反馈是真实、坦白的（Brookhart，2007/2008；Brophy，1981）。这个标准基本上说明了教师也许会在反馈上对学生不诚实或进行欺骗。我们相信大多数教师并非故意这么做，但是您的反馈是否无意识地欺骗了您的学生呢？反馈会不会在知识层面有不诚实的现象出现？例如，那些通用的、虚伪的称赞（例如“干得好”）会给学生在知识掌握方面制造一种假象，让他们忽视了自己在测试中存在的一些原则性错误。我们建议，教师给予的反馈一定要真实，所指明确，不让学生有其他猜测。
准确 准确的反馈是公正的（Brookhart，2007/2008；Stiggins & Conklin，1992）。反馈在本质上能够反映学习目的（有效性），并且不存在误差（可靠性）。因此，教师必须对学生表现的评分标准有清晰的认识，通过测评来收集相关信息，了解学生在完成学习目标方面的进展情况。
具体 具体的反馈极有必要；否则，无法从具体切实的层面引导学生学习（Brookhart，2007/2008；Brown，1981；Shute，2008）。因此，具体的反馈是准确的，且具有选择性，建立在评估提供的真实数据之上，以供教师对自己的教学方式进行重复、修复或者其他整改。对于学生而言，具体的反馈还应是清晰易懂的（Butler & McMunn，2006）。反馈应该与评分标准密切相关（Stiggins & Conklin，1992）。像“干得好”之类的口头禅或者总结性的字母评分都无法将学生的思考和学习中具体的强项与弱项反映出来，而“记得在文章中使用案例支撑你的观点”这类的评语就可以。所以，具体的反馈信息可以让学生对学习目标有更清晰的认识。
具有建设性 考试的反馈对学生的学习动机有很大的影响。因此，在表达上，反馈应该保持积极的语气（Brown，1981），同时还应该让学生知道如何继续开展学习（Brookhart，2007/2008）。负面的反馈会打击学习积极性，这不属于形成性反馈（Shute，2008）。例如，作为评语“想想控制变量的概念。试验里的哪个变量符合这个概念?”就比“你很明显没有学习!”更有效，具有更强的建构性。当然，并不需要牺牲反馈的真实度来满足其积极影响；而是应该综合真实、准确、具体、具有建设性这四个方面，通过真实、可靠的反馈，让学生清晰认识该如何做才能推动学习。
及时 反馈必须做到及时（Brookhart，2007/2008；Brown，1981；Shute，2008）。换言之，考试结束后的一段时间内就应该完成反馈信息；否则，反馈提供的意见或建议将会因为失去关联性而失效。那些等考试结束后几天，甚至几个星期才提供的反馈信息已经毫无意义，对学生没有丝毫帮助。

图 6.6　高效形成性评估的基本特征[①]

① 表格内容改编自评估改革小组（1999）。

如何给予学生形成性反馈?

课堂评估一旦以推动和支持学生学习为目标，那么教师们所从事的就可以称作“为学而评”。这个术语广泛应用于当代教育研究领域，提倡一种与传统考试模式（即“为考而评”）不同的新理念。要实现“为学而评”的目标，教师们应该有意识、有目的地对评估结果加以分析和使用。“为考而评”旨在对学生的知识结构特征及掌握程度进行评估，而“为学而评”更重视考试的目的性，指教师通过有目的地应用评估策略和评估工具，引导和推动学生学习活动的进行。

“为学而评”这一概念极具说服力。此前已经提过，评估在支持学生学习方面十分有效，而且形式多样。评估包括课前小测验、课堂问答、标准测试结果分析等。在此我们不再深入讨论，而是将重点放在探讨形成性反馈的形式上。教师在执行考试、批改试卷后，有哪些实际的、操作性强的方式可以在派回和检查答卷的过程中使用？在此，我们重点介绍六种已经经过研究考证的反馈原则。它们有一个共同的主旨：引导学生对自己的学习进行反思（评估改革小组，1999）。

1. 向学生解释评分标准

在此前提及的那位影迷朋友和那位骄傲的家长的案例中，我们知道了概括、笼统的评价反馈（例如字母评分或者百分比分数）具有局限性。为了实现反馈的指导意义，必须让学生清楚地了解考试的评分细则（Hogan，2007）。因此，简单明了的反馈方式之一就是向学生解释他们的答题是如何评分的。这样，学生可以更有效地对反馈加以使用（Wilson，2005）。具体方法包括讲评简答题或论述题的评分量规，或者阐释每道题的评分准则以及评分方式。

评分标准的另一种形式就是目标细化表，帮助学生了解自己在学习目标方面有哪些达标，哪些还需强化。由于目标细化表在使用上便捷，在视觉上清晰明了，因此对各个年龄层的学生都适用。让我们再用富兰克林老师的公民课测试（图 6.4）举例说明。假设班里有两位同学都得了 84 分，单纯从分数上看，他们在知识掌握程度方面是相等的。然而，其中一位叫作洛里的同学做错了第 1、11、17 和 14 题；另一位同学贾马尔做错的是第 5、16、18 和 19 题。富兰克林老师首先让学生圈出自己做错的题目，然后判断错题对应的知识点（洛里做错的是与记忆有关的概念题，而贾马尔做错的是政府机制的基本原则问题）；这样，学生很快就可以分辨出属于自己的、不同的知识结构特征，哪怕两人在知识掌握的程度上相近。

这种反馈方式让学生清楚地了解了自己在知识建构中的弱项，以便他们能够更有效地调整学习方法。除此之外，我们还需要特别强调另一个方面，那就是讲述的语言。教师在向学生讲解评分标准时，应尽量采用他们熟悉的表达方式，例如不断重复课堂上学过的术语、概念、知识点或者技能，并将其与试题本身、考试形式和学生回答等多个方面结合起来，这样做可以有效地将评估与教学相关联。

2. 控制反馈量

在课堂教学方面，我们都面对同一个事实，即“时间是金”。因此，一道题一道题地点评试卷是不可能，也是不切实际的。其实这并不是件坏事。研究发现，反馈量的多少与学生学习进步程度没有太大关系（Bangert-Downs et al.，1991）。所以在此，我们提出反馈的第二条原则：控制反馈量。正如威金斯（Wiggins）与麦克泰（McTighe）（2005）的研究指出，教师们应将重点放在关键知识方面，而不是对琐碎信息的反复强调。鉴于此，他们提出了一套教学计划法，叫做“追求理解的教学设计”。在书写反馈时也是如此。在面向单个学生或者全班的学生时，教师都应该极力遵循“具体”原则。在控制反馈量的同时，教师有更多的精力去进行深度点评。而后者进一步地强化了反馈的“具体”和“具有建设性”原则。

3. 先有书面或口头评语，分数其次

每当评估结束后派回试卷时，学生做的第一件事就是查看自己的分数。这是一个相当普遍的现象。然后学生便会从那个分数出发，来看待卷面上标注的任何反馈评语，无论是对选择题作出错答的标注，或是简答题回答的点评。要消除这个现象的一个比较有效的办法就是不在评估试卷上打分，而只留下书面和口头点评。

这样做的好处在于，让学生认真阅读评语，并根据评语而不是分数来进一步了解自己的学习情况。带有评语的反馈方式与口头解释结合更加有效，但是这种效果极易受到分数的影响（Bangert-Downs et al.，1991）。如果适当调整反馈方式，教师们可以先给予学生书面或口头评语，然后要求学生在给予了书面或口头反馈的情况下才能获得成绩。这种方法对于简答题或者论述题特别有效，尤其是结合教师评语和评分量规的反馈更有利于学生全面审查自己的不足。这种反馈方式因为与学生进行了充分的互动而变得更加具体和具有建设性。

4. 给学生提问的机会

无论你的反馈是通过书面还是口头，或是两者结合，都需要给学生提问的机会。很多教师容易犯的错误就是，在提问前没有给予学生足够的思考时间。反馈也是同样。在获得评语后，学生往往没有足够的时间就他们的答题表现进行反思和吸收。这样即使不妨碍反馈效果的发挥，也会对其产生一定的抑制（Bangert-Downs et al.，1991）。因此，教师应该邀请学生在一定的时间内就评语进行提问，这样学生才有足够的时间查看和反思上文原则 3 中提到的书面或口头反馈。

譬如第 1 和第 2 条原则提到的方法，教师可以通过题目分析来提前确定哪些题目需要仔细讨论。这样可以节省时间，并且照顾到了班里出现同类错误的大多数同学。当然，如果时间绰绰有余，也可以就个别学生的问题进行讨论。此外，还需要考虑班级的学生人数，以及评估形式（例如大量的建构反应式题型），教师可以根据实际情况来对

学生进行单独辅导。如果高中教师就评估给予了较长的书面评语，并且未准备单独辅导学生，教师可以让学生直接根据反馈提问，但是需要让学生提前知道，要获得最好的反馈效果，教师也许需要重新读一遍评卷时写的评语。这是因为，要回忆全班25位同学每一位的论文中存在的复杂问题，不是件容易的事情。更不用说全年级几个这样的班级。鼓励学生首先提问，可以加大使用这种诚实、具体、有建设性和及时的反馈方式。

5. 鼓励学生相互之间开展讨论

在课堂上采用一种非正式形成性评估的有效方法是让教师引导学生进行小组讨论。这种教学策略可以结合课堂评估的结果，稍作调整后给学生提供形成性反馈。我们根据玛丽琳·柏恩思（Marilyn Burns）（2005）提出的一系列基于学生间讨论的引导反馈法，列出了以下几点：

1. 要求学生对他们的答案无论对错，都要进行解释。
2. 要求学生在小组中分享他们的解题方法。
3. 分小组对具体的题目进行分析。提前准备要讨论的题目、讨论方法以及向全班汇报讨论结果的方法。
4. 要求学生复述他人的观点。

采用这种小组讨论的形式回顾评估的形成性反馈，至少有三个优点。首先，学生时常从这种有构架、有组织地与其他同学进行讨论的方式中获益。换言之，学生之间可以相互有效地学习（Marzano, et al.，2001）。其次（与第一点相关），在学习上帮助他人，可以巩固自己的知识体系。另外，学生讨论可以让教师更好地了解学生的思想和可能存在的误解，从而让教师对自己的教学作出更合理的安排（Ory & Ryan，1993）。诚然，在试卷讨论环节有意识地倾听学生的发言，给予了教师很多易授机会。在这种情况下，教师对于学生存在的问题把握得更准，而学生也更容易接受；这样的积极互动使反馈变得及时且具有建设性。

6. 提供重做或者修改的机会

一种非常有效的反馈方式就是让学生在测试后，重温一遍某道题或某系列的题目、提示和展现式题目所涉及的知识和技能。正如上文提出的五种形成性评估策略，教师可以通过多种方式提高学生参与度，鼓励他们积极思考。也有研究表明，学生对反馈进行应用，可以加强反馈效果。例如施莫克（2006）就提出："学生需要……反馈，及时的反馈，还有能够更正或重写的机会"（p. 169）。布莱克（Black）和他的研究团队（2004）总结道："反馈评语只有在被学生用来引导自己进步时才有效，这也需要新的反馈方式。"（p. 13）

的确如此。给学生提供这样一种机会，让他们在反馈的基础上，重写论文，甚至重做整套试卷，对于许多教师来说，还是比较新的理念，或者至少是比较难以接受的。尽管如此，这种方法体现的正是这样一种理念，即评估的最终目标并不是给个分数，而是推动学生的学习。以下这位教师正好使用了这种形成性反馈方式，通过考题给予学生重温课程所要求的知识和技巧的机会，而不是仅仅关注考试分数。我们来看看他的亲身体验：

> 如果允许学生通过完成其他与学习本身无关的任务来提高分数，那么这个方法本身就提倡了一种分数是可以挣的观点。每当有学生询问我是否有可以加分的额外作业时，我会告诉他们，分数是评估他们学习、帮助他们进步的手段。分数低只是说明他们缺少相应的知识；提高分数的唯一方法就是相应地填补知识空白。我会向学生解释：我不赞同加分行为，但是我认为每个人都应该有继续学习的机会。例如，在论文考试中取得不理想分数时，学

生也许会借助额外的写作辅导，重写论文来提高分数。如果在普通的小测验中拿了低分，学生可以再做一次测验，来验证自己是否已经完全掌握所考知识。这种方法深化了分数作为沟通工具的意义，而非终极目标。

（Winger，2005，p. 64）

反馈小结

综上所述，形成性反馈有助于提高教学效果。此前提及的反馈策略和原则真实可靠，可以帮助教师将考试作为具有推动学生学习进步的引擎。同时，在反馈过程中需要教师专业、精准的判断。例如在选择恰当的反馈方式时，应考虑学生的年龄层次、分数等级、学习需求等因素，除此之外还要考虑到学科本身。尽管在几门基础学科中反馈都能对学习产生积极影响，但是一篇英语作文与物理计算题在反馈方式上存在明显差异（Bangert-Downs et al.，1991）。所以教师在选择反馈方式时还应该考虑学科的特征。

无论选择哪种方式，反馈的原则不变：让学生对自己的学习进行反思（评估改革小组，1999）。具体而言，在反馈的过程中，教师要引导学生不断思考以下几个问题：

1. 我学到了什么？
2. 我在知识和能力上是如何进步的？
3. 我需要依靠/凭借什么来保持这种进步？

真正的评估反馈，无论是口头的还是书面的，都应该帮助学生找到针对以上问题的答案。

评即是学

形成性评估在推动学习方面的功效对实现课程的近期和短期目标十分重要。例如，形成性评估可以加强学生对历史事件的理解，提高他们对计算方法的应用能力和说明文写作能力，以及对数据表格的分析能力。当然，积极参与到形成性反馈中，对于学生实现学习的长期目标而言也是有帮助的。

图 6.7 列出了五个能够通过反馈实现的长期目标，我们将其统称为“评即是学”。“评即是学”与“为学而评”和“为考而评”两个概念不同，它指的是学生能够进行自我评估的素质修养，以及终身学习的能力。

通过反复参与形成性反馈，学生可以：

✓ 为自己制定明确的标准，以便在成绩、学习及其他方面取得成功；
✓ 以提问的方式开展学习；
✓ 为其他同学提供具有建设性的反馈；
✓ 合理采纳他人给予的反馈；
✓ 不断反思自己的学习。

改编自评估改革小组（1999）；Black et al.（2004）；Chappuis（2005）；Earl（2013）；Leahy，Lyon，Thompson，& Wiliam（2005）；Stiggins（1999）；Stiggins（2005）。

图 6.7　长期学习目标（隐性）：评即是学

“评即是学”指出了当代教育的宏大目标之一，就是让学生成为终身学习的受益者，即便从学校毕业后，也依然拥有对知识保有兴趣和追求知识的能力与需求。许多教育学家也提出了相似的观点。

我们必须不断地提醒学生，评价他们学习的最终目的在于让他们也来评价自己。教育工作者们也许正在没有学生参与的情况下评价学生的学习。现在，我们需要将评价的一部分转移给学生。

主要目标就是培养他们在反复练习中形成自我指导能力。要不然教育的意义何在呢?

(Costa，1989，pp. 2—3)

(实践证明，采用评估手段来推动学生学习的关键因素之一在于)让学生在自学过程中充分发挥主动性……以及让学生能够有进行自我评估和懂得如何进步的需求。

(评估改革小组，1999，p. 5)

只有通过减弱教师在课堂上的主导地位，来加强学生对学习的自我调节和自我决策能力……要成为善于自我反思与能够自主学习的人，教师必须给学生营造这样一种空间来拓展他们的技能。

(Butler & McMunn，2006，pp. 151，153)

许多在培养学生自我评估技能方面有过尝试的教师都会认同：第一步，也是最困难的一步，就是改变他们对考试的看法。考试不是终结审判，而是一连串关联的目标。看法一旦改变，态度和行动也会随之改变。在学习方面，学生会更加主动、积极地管理和控制自我，以完成目标。这样，学生的原认知水平会有明显提高。

(Black et al. ，2004，p. 14)

教学生对自己的学习进行评估，可以帮助他们对课程所需的知识与能力有更直观的认识，同时还培养了他们终身学习的能力：在了解自我的基础上提高自我。

(McGonigal，2006)

“评即是学”的评估方式强调了自我反思以及批判性自我分析的重要性，这些基本技能都有助于学生批判性思维能力的培养。

(Earl，2013，p. 28)

乐于并且有能力进行自我测评，这应该是学校教育重要的终极目标。同时，课程、教学指导与评估三个方面也在这个目标中得到体现。“评即是学”将三者联为一体。我们不能再将评估简单地看作是学生在课程结束时的考试评分。对于教师而言，评估已经成为教学过程中极为重要的一个部分；对于学生而言，评估是自主学习中极为重要的方法之一。因此，评估本身也应属于学习目标的一种。

第七章
教师如何给学校带来建设性影响？

引领团队评估能力发展

可以分两步来回答本章标题提出的问题：一位教师如果想改善其同事和教学负责人教学的实践操作能力，首先可以培养自身的课堂评估能力，然后成为该校在这一领域的负责人。纵观全书，我们凭借这样一个理念不断强调，教与学都离不开评估。课程决定了学生需要掌握的知识和技能，教学指导帮助学生完成这些学习目标，而评估则用于了解学生的学习特征和程度。此外，教师和学生只有通过考查学习的评估，才能进一步对过往的经历、当下的需求和未来的教学活动做出相应决策。

鉴于评估在教和学中的重要性，教师们都应该掌握和运用与评估能力相关的知识、技能和视角。凡达成者，便能以正式或非正式的形式，成为学校教学能力领导者，提升同事的评估水平（当然，还包括教学水平），由此也促进学生的学习水平的提高。

专业技能之评估能力

在第一章，我们对美国多个州的教师资格要求进行了综述，指出此领域已对评估能力的重要性给予了广泛认可。然而，各州对于评估作为一项专业技术能力的阐述却大相径庭。鉴于此，我们总结了三个有关教师评估能力的关键要素。概括来说，教师们必须同时担任好评估的设计者、使用者和沟通者三个角色。

教师即高效的评估设计者

课程标准是根据各州出台的课程框架设计而成，对学生的学习目标做了明确规定；然而，这样的规定也需要由教师“翻译”成相关教学信息，才能被学生理解和吸收。换言之，每个学年的课程标准和教学指导都需要由教师为学生进行梳理细化，这也包括了评估的梳理细化——教师设计的课堂评估不仅要体现与州标准相关的课程目标，还要显示这些目标是如何以及有多少纳入了课堂教学。这绝非易事；并不是从市面上售卖的教科书中，或者测试软件的题库，或者各州发布的往年真题中简单地借用几套习题就能完成。教师必须能够亲自设计这样一种评估，它不仅对每位学生都是公平的，还能用于课堂教学，有效推动学生继续学习，要能够准确反映学生真实的学习情况（JCSEE，2003）。当然，教师在设计评估时可以借鉴那些外部资源，但需要确保评估的效度与信度。

除此之外（教师资格标准和相关研究文献也反复强调），教师必须能够根据学生所在年级和所学科目，设计出各种各样的评估形式。评估形式可以包括针对课堂学习的课间速测、反映学习进展和不足的小测验，以及体现某时段内学习情况的阶段考试。评估的题型可以包括选择反应式的判断题、配对题和选择题，或者建构反应式题型，例如计算题、简答题、课程论文，甚至综合作业、课堂表现或原创作品。本书前几章阐述了这样一个观点，即教师须具备专业知识和实践操作能力，才能设计出适用于课堂的、能够有效收集学生学习信息的评估。例如，教师必须理解效度和信度两个概念的基本原则，懂得如何使用它们，懂得如何建立目标细化表，懂得如何选择和设计评估题型，以及懂得如何分析评估结果来优化教学。以上这些都属于专业型教师使用的高效评估方法所涉及的关键知识和技能。

教师即睿智的评估使用者

评估的重要用途之一，就是收集有关学生学习的信息。然而这一点时常在课堂中被忽略，取而代之的是习以为常的评估“流水线”。譬如，学生考试，教师评分，学生收回试卷，分数录入档案。在这个常见的情境中，有关学生学习的信息被收集，但是主要用来（如果不是唯一用途的话）作为分数的一个来源。

教师不仅有责任收集每位乃至全班学生的学习信息，而且还需要阐释这个信息。评估信息可以帮助教师发现学生在不同知识网络和不同认知层次中表现出的优点或缺点的特征。

理解评估目的和评估结构，对于阐释和使用评估结果而言至关重要。不仅对于随堂小测验、期末考试、项目制作，或任何一种课堂评估形式是如此，而且全州大考也同样需要教师的解读和使用。这些评估提供了有关教学进程的重要信息，以廓清现有课堂教学与本州课程标准之间的差距。我们建议教师制定有关学习的数据驱动型决策，然而仅仅依靠一沓沓成绩单（如今大多数情况下是一个密码保护的成绩单文档）是远远不够的（Miller，2009）。标准化评估结果存在的一个问题就是，无法体现课程标准与具体知识技能的重连（English，2010）。另一个问题是，标准化评估缺乏“教学敏感性”（Popham，2008，p. 135）；就是说，教师也许知道学生的成绩达到了某个等级，但不知道这个等级意味着已经完成课程标准要求的哪些学习目标。

所以，就教师设计的课堂评估而言，解读和使用标准评估结果的第一步，就是理解评估本身的目的和结构。作为睿智的评估使用者，教师必须学会利用课堂评估及标准化评估来掌握学生的学习信息。教师在使用州标准化评估信息时，需要特别注意以下三点：

◆ 州考对于了解学生群体的整体水平具有很好的参考价值，但不太适用于学生个体。州考在体现学生个人成就方面缺乏一定的信度。原因在于州考旨在考查大量课程标准要求的学习目标，却受题目数量的限制。此外，在测试频率上，州考通常以某种特定方式来体现学生的学习情况，缺乏反复测试。由于以上种种因素，州考在反映学生个体成就所具有的信度方面不及它对群体的表现（例如一个学校或教学区）。

◆ 州考虽然严格按照本州的课程标准设计题目，但也漏查了标准中很多极为重要的学习目标。譬如，公共演讲这样的口头表达技能属于英语/语言艺术课程标准的主要内容，然而州考却不考查这系列的技能。原因很简单，那就是标准化考试的形式没有涉及口头表达。另一些重点的学科技能，例如科学调查、历史分析、数学推理等，因为在应用时存在耗时长和涉及复杂认知行为的情况，同样无法进行标准化测评。鉴于此，教师应该留意这类明确规定却没有考查的预期学习目标，切勿对学生的相关技能一概而论。

◆ 州考考查多个认知层，却不包含认知最高层。舆论抨击州考，称其只不过是记忆的测试。但事实并非如此。许多州的考试都包含了远远超过记忆的多个认知层，例如领悟、应用，甚至分析。但有些对州考的指责也不无道理，即这类大考并不能考查评价与综合这两个最高层次的认知。造成这种现象的原因很明显，此前在第四章已经提及：大部分州考以选择反应式题型为主，这种题型可以覆盖更广泛的学习目标，却不能考查最高层次的认知。所以，许多涉及学生综合、评价和创造能力的学习目标，无法在州考中体现（Polikoff，Porter，& Smithson，2011）。

在日常教学中，教师要么自己设计评估，以考查学生的学习情况，或者利用市面上出售的真题集来检验自己的教学效果。因此，教师无论是针对课堂评估，还是州考评估，都应该将自己训练成一名优秀的评估使用者。

教师即有效的沟通者

评估设计和评估结果分析均属教师的独立工作范畴。但并非仅是教师一人在关注能够提供有关学生学习特征和程度的信息的评估结果。在整个教育链中，学生本人、学生家长以及其他教育工作者也都十分关注评估结果。但是，教师与这些人交流评估结果的原因有所区别。下面我们讨论与不同群体沟通评估结果所具有的本质目的。

为什么教师需要就考试结果与学生进行沟通？正如第六章所讲，主要原因应该是支持与推动学生学习。每当教师在谨密部署下，与学生分享评估结果，这个有关学生学习的反馈就会成为一种高效的教学手段，积极推动学习（Dean et al，2012；Hattie，2009）。除此之外，学生还需要知道自己所处的位置。毕竟考试分数、等级、平均分这些数字存在一定意义。那就是，根据学生的努力给予一定的价值，同时，教师、学生及其他教育工作者还需要这些分数进一步改进教和学。因此，对学生学习具有总结性意义的分数同样需要告知学生。

为什么教师需要根据考试结果与学生家长进行沟通？同样，与学生的沟通目的相同，与家长就学生评估结果进行沟通的最终目的在于支持和推动学生的学习。家长是孩子生命中第一位，也是最重要的老师。因此，教师有责任以最有效、最可行的方式向家长们汇报孩子们的学习情况。这意味着，例如，教师需要将教育术语中的评估结果“翻译”成通俗易懂的语言，使教育界内部使用的晦涩语言也能让普通家长明白。这也许意味着丢弃 A—B—C—D—F 这种针对学习程度笼统概括的传统方式，改用具体语言描述，例如论文写作和单词拼写方面较为突出的能力，以及在句型使用和句型转换方面存在的不足。换言之，教师必须选择恰当的反馈方式，减少评估反馈中的总结性描述，增加信息性描述（Guskey & Bailey，2010）。这才能让家长对自己孩子的学习情况有更直观的了解，从而更有效地帮助他们。

为什么教师需要就考试结果与其他教育工作者沟通呢？原因有很多：

◆ 对于校长以及其他高层教育决策者而言，任课教师提供的课堂评估结果可以帮助他们跟踪了解学生学习，了解学生自身的优缺点特征，以及针对学生学习提供一个标准化测试无法给予的全新视角。换言之，睿智的教育决策者对课堂评估的结果十分重视，因为其有效、可靠地反映了学生的学习情况。教育决策者能够利用评估结果提高所在学校或地区的教学质量。

◆ 对于高一年级的任课教师而言，上一学年或学期的评估结果很重要，因为可以让他们对学生以往的学习表现、知识和技能的掌握情况有个初步了解。这些教师可以根据这些有效信息，开始安排新学期的课程教学。

◆ 对于学校的学习顾问而言，课堂评估结果可以让他们更好地辅导学生及家长，帮助学生合理选课，以及制定今后的求学或职业规划。

◆ 对于儿童学习小组而言，课堂评估结果可以让他们规划辅导活动或服务，给予学生个体必要或关键的帮助。

◆ 对于项目协调员、学术文凭委员会以及行政委员会而言，课堂评估结果（以分数和平均分的形式）是判断学生是否能够录取、获奖、拿证、升级的重要指标。

可见，教师们为了不同的目的，需要根据学生的学习情况与多方进行沟通，包括学生本人、他们的家长和其他相关教学人员。这就更加需要教师在沟通中，确保信息的相关性和可靠性。如果评估信息出现失误和不当，可能会造成对学生的偏见，严重的话甚至会伤害学生。

评估是与教学和学习紧密结合的。诚然，评估是教师了解学生学习能力和学习情况的渠道，是有效制定教学计划的信息依据。因此，每位教师都有必要具备设计、使用、沟通学生评估和学习情况的能力。这也是本书最重要的宗旨。具体而言，我们希望帮助教师提高课堂评估能力，让他们以有效、可靠、有意义和实践操作性强的方式来评估学生的学习，最终实现推动学习的终极目标。

教师领导力：建设性地影响他人的专业实践

教学实践的核心在于拥有设计、使用和有效沟通评估的能力。由于教师们逐渐培养和掌握评估技能的过程是独立完成的，所以也可以由这些教师来带领其他人形成评估能力（Guskey，2009）。这种由一位教师作为其他教师引领者的行为就称作“教师领导力”。这种带领其他教职员工的能力，可以定义成一位教师对另一位或其他多位教师在专业实践上产生建设性影响的行为。在课堂教学这一领域，教师可以采用以下几种方式来积极提升其所在教师队伍的评估实践操作技能。

亲身示范

作为培养教师评估能力的领导者，必须首先以身作则。所以，要培养教师在评估能力方面的领导力，第一步就是在评估的设计、使用和沟通方面做到合法、可行、高效、准确（JCSEE，2003）。无论是在课堂上、教师休息室，还是其他任何交流空间，教师都可以言传身教。更有效的方式就是亲身示范评估原则，这样可以提高其他教师对提升自身评估能力的积极性。

与人合作

教师合作是专业发展的一种方式，近期也得到了越来越多专业人士的认可（西北地区评估协会［Northwest Evaluation Association］，2014）。日本的教育者们就从课例研究这种合作中受益匪浅。在课例研究中，一群教师聚在一起，为某一课或某一知识点进行排课、制定教学计划。然后，由团队中的一员按照制定好的计划开设公开示范课，其他教师参与观摩。此后，团队再集中讨论，就课的设计和效果提出修改意见和建议（团队并不会对教师本人及其教学方式做任何评论）。通过这种方法，整个教学团队设计出了一系列经过合作研发和实际验证的教学计划。

评估也可以采用相似的合作形式。合作评估可以积极推动不同年级、部门、跨学科教学团队合作开发各式各样的评估，包括随堂小测验、单元测试及表现考核（Fisher，Grant，Frey，& Johnson，2007/2008；Wiliam，2007/2008）。无论是什么等级的评估，要实现共同设计和建构评估，需要一个教师团队。这个团队一起完成所有任务，包括细化共享的课程目标，达成关键共识，确定评估方式，找出评估固有的局限性，这样才能更好地阐释和利用共同评估的结果。

评估技能培训

本书开篇部分已经提到，学校的评估现状令人担忧：评估理念杂乱无章，评估方式参差不齐。从我们自身经验来看，课堂评估虽然对于教和学都至关重要，但从未得到重视。我们怀疑这种情况已经持续多年，近期由于标准化测试的绩效责任制的要求使这一状况得以揭示。概括来讲，在评估领域，许多教师都有提升评估专业能力的需求（Mertler，2000；Stiggins，2004；Zhang & Burry-Stock，2003）。因此，作为团队领导者，教师可以通过倡导学校，或者亲自为其他教师提供在职培训的机会，建构性地去提高教学团队的评估能力。

本书尝试采用一个技能培训的案例来论述，技能培训还有很大的发展空间。譬如，本书提及的评估原则和技巧普遍适用于小学生、初中生和高中生，但实际操作还会因学生年龄不同而有所改变。评估技能培训便可针对类似这样的关键问题开展活动。又例如，评估原则会因科目不同而有所差异（Brown，1981）。一名优秀的教师必须具备学科教学知识，这意味着教师除了充分了解所教科目的相关知识外，还应具备教授这些专业知识的能力（Shulman，1986），包括实际理解相关科目的常见错误和难点知识，以及能够分析和答疑的能力。这些专业教学能力都可以通过专业培训获得明显提升（Black et al.，2004）。

教学工作是一种职业。这意味着从业者需要持续不断地训练自己的教学技能，培养有备无患的决策能力，以预测、回应、满足学生的需求。总之，教师的职业发展必须包含评估能力的培养和提升。

反思现有评估制度、提高教学区评估模式

在高风险标准化评估逐渐成为主流之际，越来越多的教学区开始采用“中期评估”。这种测试也被称作是“基准评估”，其目的在于，以等级考试或结业考试这类绩效责任制评估的方式，考查学生对一系列学习目标的掌握情况。理论上，中期评估具有形成性意义。学生在中期评估中的表现属于对此前教学决策的反馈，以便教师进一步推动学生的学习，在后期大考中取得优异成绩。

尽管大多数的教育决策者对中期评估持赞成态度，认为它能帮助学生大考获胜，但中期评估的助考功效尚无定论（Brookhart，2014；Slavin，Cheung，Holmes，Madden，& Chamberlain，2013）。导致这种不确定性的原因有很多，例如中期评估在效度和信度方面存在一定问题（尤其当使用了市面上出售的试题集时），中期评估没有统一的执行和监控，以及教师和行政人员缺乏使用中期评估数据的专业知

识（Cizek & Bunch，2007；Goertz，Oláh，& Riggan，2009；Slavin et al.，2013）。

许多学校和教学区采取了另一种方式来取代这种大规模的中期评估或基准评估，即专业学习社群，借此来推动教师设计和使用共同评估。“共同评估”指由多名教师共同设计评估试题，重点考查学生在一个单元或一个学期中的学习成果。知识范围越小，涉及的学习目标越具体，与教学保持的一致性就会越强，考试结果对教学的指导性也会越高（Popham，2008）。由此可见，共同评估可以成为替代大规模中期评估或基准评估的最佳选择。

瓦格纳（Wagner）（2008）的研究指出，共同评估在那些学习能力较强的国家尤为突出，教师团队共同创建评估，随后共同探讨评估表现。当然，我们也可以充分借鉴第三章提及的方法，以及第四、第五和第六章所提到的实践操作原则来设计共同评估（Chappuis，2014；Young，2009），具体步骤如下：

1. 细化课程的学习目标；
2. 创建相应的目标细化表以引导评估设计；
3. 在教学团队中明确本次考试的目的以及具体考试事宜；
4. 确定评估的试题类型或者活动方式，以及包括课堂表现在内的平时测评方式，以最全面的考核制度来推动学生完成学习目标；
5. 确定题目数量、分值，以及适合各种课堂表现的评分标准；
6. 创建和选择有效度和信度的评估题型；
7. 汇编试卷，包括明确题目指示和考试须知。

当然，随后还有很多重要步骤。例如，在一个小组、年级或学校内使用这套试卷，然后对其结果进行分析，收集有关学生学习水平和知识掌握情况的信息。这些步骤可以帮助教师制定短期或长期教学计划，帮助学生在学习中扬长避短，以及进一步完善试题的效度和信度。

从我们与各年级、部门、学校乃至教学区教研组合作的经验来看，共同评估是一种相当有效的教学手段，在共同评估的过程当中，不仅评估本身的效度和信度可以得到提高，并且在合作设计评估时，教师们总会讨论课程（C）和教学指导（I），从而强化了他们的理解和执行。简言之，推广共同评估是强化课程、教学指导与评估之间定位关系（C=I=A）最有效的途径。

明确评估使用政策

前文提到，大多数教师都是通过经验积累，从做学生开始，到后来成为教师，学会了如何评估。那么，我们的教育机构，例如学校、教学区和各州的教育部门，是如何制定评估政策的呢？一项研究表明："评估和评分政策通常是由缺乏正规评估实践训练的教育者制定的。这会对课堂评估性质带来不利影响，还会大幅度降低评估质量（Stiggins & Conklin，1992，p. 185）。"在带来了许多不良后果的今天（见第一章），这是早在 20 多年前就提出的问题，今天因为绩效责任制的推行而变得更加严重，是本书第一章提到绩效责任制带来的无法预料的后果。

政策的制定体现的应该是相关部门所认可的一些教育理念，以引导教育工作。美国每所学校，每个教学区、每个州，从小学到中学的 12 个年级都有相应的评估政策。鉴于此，教师领导者们可以根据自己对课堂评估原则的理解，建构性地去影响其他教师的评估实践，从而推动学校和教学区改进评估政策。例如，学校是否要求教师在课堂评估中使用小测验、考试、综合作业等具体形式？或要求以学习目标完成情况来统计分数？学校是否要求将平时的课堂评估纳入期末成绩中？在评分方面，学校采用的是传统的字母评分等级制，还是灵活性强的评分量规？学校是否有针对家庭作业的相关政策？是否要求教师给予那些没有做完作业的学生更多的机会去完成学习任务？所在地区或者州是否将教师对学生学习所起到的作用纳入评教系统（Popham, 2013)?

学校的评估政策五花八门，但是有一点可以肯定，即充分掌握了评估原则和技巧的教师可以影响其他同事，从而带动整个团队，对政策的制定、审核和修改献计。

教师领导力小结

我们举例说明了评估的专业技能，讨论了与团队合作设计评估的方式，倡导对教师评估能力的在职培训，以及施加对政策的影响。教师领导者可以对其所在学校和地区的其他教师起到带头作用。这些努力都会给评估文化带来深远的影响。换言之，通过帮助其他教师提高评估能力，教师领导者们可以改变现今的评估方式。这个革新创举带来的影响就是：教师们对了解学生学习情况的意愿愈发强烈，收集相关信息的能力也不断提高；对学生表现的分析也更加有效与可靠；能更有效地制定相应的教学内容和方法，以此进一步提升学生的学习能力。

我们相信教师领导力的神奇功效。我们相信，当教师们因为拥有了专业知识和技能而被赋权时，或者将自己的专业知识应用于自身的评估实践和与他人的合作中时，学生的学习能力和知识水平一定会有大幅度的提升。

我们也相信，就像美国中小学教育所体现的，现代教育中教与学的过程有三个元素不可缺少：课程、教学指导与评估。我们将这三个元素视为指代同一个事物的三种表现：学生的学习目的——即教师所期望的，学生通过学习经历获得知识、技能和素质修养。由于课程、教学指导和评估都为学生的学习服务，因此三者的定位关系对于实现有效且高效的教育十分重要。

基于这些信念，本书向教师读者清晰地讲述了如何（以及何时）开展有效的课堂评估，来实现课程、教学指导与评估三者的定位关系。本书的初始章节就有关课堂评估的核心知识和技能，对所有教育工作者提出了要求。我们称其为“评估能力”——教师能够创建和使用有效度和信度的评估，并根据评估结果进行合理分析，和学生就学习情况进行沟通和积极引导的能力。具体而言，教师评估能力应具备以下技能：

- ◆ 清楚地了解并能够细化学习目标；
- ◆ 清楚地了解并能够鉴别课堂评估的不同方式及用途；
- ◆ 确保课堂评估的方式方法与学习目标要求的知识内容和认知需求保持一致；
- ◆ 确保评估试题中所涉及的学习目标达到具有代表性的平衡；
- ◆ 创建和使用选择反应式与建构反应式题型和活动；
- ◆ 确保学生的表现不受评估中系统误差和随机误差的干扰；
- ◆ 使用形成性评估方法和反馈来推动学生进步；
- ◆ 与其他相关人员根据学生评估结果进行有效沟通，优化教学方式及课程安排。

我们同时也意识到，在教育和心理测量学的评估实践中，还有其他重要的知识技能。然而，我们希望本书提出的理念、技巧、案例和视角，对于教师和教学负责人来说具有一定的实际意义和参考价值。只有提升了课堂评估能力，教师们才能更好地将课程、教学和学生的学习结合起来。

术语表

分析性量规（analytic rubric）—— 指对题目中的每个环节都设置了明确的评分标准，便于分辨答题者的强项和弱项的评分体系

评估（assessment）—— 指通过一定的工具和技巧来收集有关学习信息的过程

评即是学（assessment as learning）——指学生能够进行自我评估的素质修养，以及终身学习的能力

为学而评（assessment for learning）——指教师通过有目的地应用评估策略和评估工具，引导和推动学生学习活动的进行。

评估能力（assessment literacy）——教师能够创建和使用有效度和信度的评估，并根据评估结果进行合理分析，和学生就学习情况进行沟通和积极引导的能力。

目标蓝图（blueprint）——又称作“目标细化表”。以图形或表格的形式，将知识内容和认知需求进行细化，并连同测试项目的种类和重点一起陈列出来，以便教师和研究者参考（另见“目标细化表”）

评分清单（checklist）——指回答中需要涉及的一系列相关行为或相关信息一览表

共同评估（common assessments）——指由多名教师共同设计评估试题，重点考查学生在一个单元或一个学期中的学习成果

同期效度（concurrent validity）—— 指用两套试题对同一学习成果、标准或目标进行测试，其所得结果之间的相似程度（另见“预测效度”）

条件知识（conditional content）——指在学习显性知识的过程中，由具体学习环境、情境或材料所产生的新知识

结果效度（consequential validity）——指评估所得结果与所期望的结果的相符程度

构念效度（construct validity）——指评估在多大程度上与学习目标所涉及的理念或理论框架保持一致

建构反应式题型（constructed-response items）——指那些需要答题者根据问题或者提示给予解答过程的题型；根据问题的不同性质，回答方式可以趋同或者发散

知识内容（content）——指学生学习的相关科目知识

内容效度（content validity）——指通过评估所获得的样本，在多大程度上与课程单元所要求的学习成果、标准或目标达成一致

课程（curriculum）——指为学生安排的，包括知识、技能及相关价值体系在内的学习内容

误差（error）——指一份试卷无法对有能力解答的学生和没有能力解答的学生进行准确区分的情况

评价（evaluation）——系统性地对学生的学习特征或学习意义进行评估的过程

显性知识（explicit content）——指在学习目标的要求中明确指出的内容

表面效度（face validity）——指评估在没有任何证据证明的情况下所体现的有效性

形成性评估（formative assessment）——指针对整合了教学的学习活动所进行的评估

形成性反馈（formative feedback）—— 指在评估结束后，返还给学生的有关其学习表现的具体信息；其目的在于建构性地持续地促进学生的学习

评分（grading）——指教师根据学生在评估中的表现对其学习特征和程度做出的评价，并以数字或其他符号的形式向学生传递的过程。

整体性量规（holistic rubric）——指对学生在答题中的总体表现给予评价，但不涉及答题中的具体行为或信息的等级评分制

科目水平衔接（horizontal articulation）——指有计划地进行跨学科关联的过程，以突显各科目之间在目标知识和技能上的关联性；也包括不同科目的教师就预期学习目标达成的一致共识

隐性知识（implicit content）——指为学习显性知识而具备的先前的知识和技能

教学指导（instruction）——指教师结合自身的教学经验和临场发挥，帮助学生达成预期计划的学习效果的过程

预期学习目标（intended learning outcomes）——简称“目标”，指学生通过参与教学和一系列考试，获得的预期要求的显性知识、各种技能以及价值观

中期评估（interim assessments）——又称作“基准评估”，指以等级考试或结业考试这类绩效责任制评估的方式，考查学生对一系列学习目标的掌握情况

评分者间的信度（inter-rater reliability）——指由两位或以上评分者根据同一份评分标准进行评分的过程，及所体现的一致性；这个过程不受与学习目标无关的因素的干扰，从而确保评估结果的稳定性。

内在评分信度（intra-rater reliability）——指一位评分者在评分过程中始终如一地遵守评分标准，这个过程不受与学习目标无关的因素的干扰，从而确保评估结果的稳定性。

学习（learning）——指学生个体在知识、技能以及（或者）兴趣方面所发生的相对稳定的改变过程

认知需求层（level of cognitive demand）——指某一知识内容所需的思维层次

课前评估（pre-assessment）——指教学活动开展前所进行的评估

预测效度（predictive validity）——同期效度的一种。指针对同一预期学习成果、标准或目标，一次评估反映的结果对另一次评估的结果预测的准确程度

随机误差（random error）——指评估过程中由某些无法预测或控制的因素所引起的误差

信度（reliability）——指评估结果的可靠程度或稳定程度。学生的评估表现不过度受到运气、系统误差、偏见或作弊等因素影响的程度

重测信度（repeated trials reliability）——指为了控制误差，提高评估的潜在信度而反复采用同一份评估进行测试的方式

样本效度（sampling validity）——作为“内容效度”的同义词十分有用，但在有关测试的学术研究中并不常用

选择反应式题型（select-response items）——指那些能够将答题过程以选项的形式来展现的题型

总结性评估（summative assessment）——指在某一阶段的学习终结时所进行的评估

系统误差（systematic error）——指在评估过程中由某些固定因素引起的误差

目标细化表（table of specifications）——以图形或表格的形式，将知识内容和认知需求进行细化，并连同测试项目的种类和重点一起陈列出来，以便教师和研究者参考（另见“目标蓝图”）

教师领导力（teacher leadership）——指一位教师对另一位或其他多位教师在专业实践上产生建设性影响的行为

教学（teaching）——指一种由某一个体通过有目的地设计和实施不同的活动，导致另一个体在知识、技能以及（或者）兴趣上发生改变的过程

测试（test）——指一种为了了解学生在某知识、技能以及（或者）兴趣领域的进展情况，由教师专门设计的一套针对性强的试题

单元评估计划表（unit assessment plan）——是目标细化表的另一种表现形式。教师可以在计划表中罗列出一个单元评估中涉及的所有互补的关键性评估，以确保考核覆盖整个单元要求的所有知识和技能

分解（unpacking）——指为了明确考试对知识内容和认知层所做的要求，对现有的课程内容和目标进一步细化、明确的过程

效度（validity）——指根据评估结果所做出的推论的合理程度

科目纵向衔接（vertical articulation）——同一科目在不同学期和年级所要求达到的学习目标分层情况。学科的纵向衔接情况通常以书面形式公布

参考书目

Airasian, P.W., & Russell, M. (2012). *Classroom assessment: Concepts and applications* (7th ed.). Dubuque, IA: McGraw-Hill.

Anderson, L.W., & Krathwohl, D.R. (Eds.). (2001). *A taxonomy for learning, teaching, and assessing: A revision of Bloom's taxonomy of educational objectives.* New York: Addison Wesley Longman.

Angoff, W.H. (1988). Validity: An evolving concept. In H. Wainer & H.I. Braun (Eds.), *Test validity* (pp. 19–32). Hillsdale, NJ: Lawrence Erlbaum Associates.

Assessment Reform Group. (1999). *Assessment for learning: Beyond the black box.* Cambridge, UK: University of Cambridge School of Education.

Atkin, J.M., Black, P., & Coffey, J. (Eds.). (2001). *Classroom assessment and the National Science Education Standards.* Washington, DC: National Academy Press.

Au, W. (2007). High-stakes testing and curricular control: A qualitative metasynthesis. *Educational Researcher 36*(5), 258–267.

Axtman, K. (2005). When the test's cheaters are the teachers: Probe of Texas scores on high stakes tests is the latest case in a series of cheating incidents. *Christian Science Monitor*, January 11, 2005. Retrieved January 22, 2007, from http://www.csmonitor.com/2005/0111/p01s03-ussc.htm.

Bangert-Downs, R.L., Kulik, C.C., Kulik, J. A, & Morgan, M. (1991). The instructional effect of feedback in test-like events. *Review of Educational Research 61*(2), 213–238.

Biggs, J.B., & Collis, K.F. (1982). *Evaluating the quality of learning: The SOLO taxonomy.* New York: Academic Press.

Black, P. (2013). Formative and summative aspects of assessment: Theoretical and research foundations in the context of pedagogy. In J.H. McMillan (Ed.), *SAGE handbook of research on classroom assessment* (pp. 167–178). Los Angeles, CA: SAGE.

Black, P., Harrison, C., Lee, C., Marshall, B., & Wiliam, D. (2004, September). Working inside the black box: Assessment for learning in the classroom. *Phi Delta Kappan 86*(1), 9–21.

Blank, R.K. (2002). Using surveys of enacted curriculum to advance evaluation of instruction in relation to standards. *Peabody Journal of Education 77*(4), 86–121.

Bloom, B. (1984). The search for methods of group instruction as effective as one-to-one tutoring. *Educational Leadership 41*(8), 4–17.

Bloom, B.S., Engelhart, M.D., Furst, E.J., Hill, W.H., & Krathwohl, D.R. (1956). *Taxonomy of educational objectives, Handbook I: The cognitive domain.* New York: David McKay.

Bloom, B.S., Hastings, J.T., & Madaus, G. (1971). *Handbook on formative and summative evaluation of student learning.* New York: McGraw-Hill.

Brookhart, S.M. (2007/2008). Feedback that fits. *Educational Leadership 65*(4), 54–59.

Brookhart, S.M. (2014, October). *Millman Award Address.* Presented at the annual meeting of the Consortium for Research on Educational Assessment and Teaching Effectiveness, Williamsburg, VA.

Brophy, J. (1981). Teacher praise: A functional analysis. *Review of Educational Research 51*(1), 5–32.

Brown, F.G. (1981). *Measuring classroom achievement.* New York: Holt, Rinehart, and Winston.

Burney, M. (2007). Camden's probe: Rigging at Brimm. *Philadelphia Inquirer,* January 19. Retrieved September 10, 2014, from http://articles.philly.com/2007-01-19/news/25221986_1_test-answers-answer-sheets-pagan.

Burns, M. (2005). Looking at how students reason. *Educational Leadership 63*(3), 26–31.

Butler, D.L., & Winne, P.H. (1995). Feedback and self-regulated learning: A theoretical synthesis. *Review of Educational Research 65*(3), 245–281.

Butler, S.M., & McMunn, N.D. (2006). *A teacher's guide to classroom assessment: Understanding and using assessment to improve student learning.* Hoboken, NJ: John Wiley & Sons.

Chappuis, J. (2005). Helping students understand assessment. *Educational Leadership 63*(3), 39–43.

Chappuis, J. (2014). Thoughtful assessment with the learner in mind. *Educational Leadership 71*(6), 20–26.

Cizek, G.J., & Bunch, M.B. (2007). *Standard setting: A guide to establishing and evaluating performance standards on tests.* Thousand Oaks, CA: Sage.

Clarke, M., Shore, A., Rhoades, K., Abrams, L., Miao, J., & Li, J. (2003). *Perceived effects of state-mandated testing programs on teaching and learning: Findings from interviews with educators in low-, medium-, and high-stakes states.* Report from National Board on Educational Testing and Public Policy. Boston: Boston College.

Costa, A.L. (1989). Re-assessing assessment. *Educational Leadership 46*(7), 2–3.

Cureton, E.E. (1951). Validity. In E.F. Lindquist (Ed.), *Educational measurement* (pp. 621–694). Washington, DC: American Council on Education.

Dean, C.B., Hubbell, E.R., Pitler, H., & Stone. B.J. (2012). *Classroom instruction that works: Research-based strategies for increasing student achievement* (2nd ed.). Alexandria, VA: Association for Supervision and Curriculum Development.

DeLuca, C., & Bellara, A. (2013). The current state of assessment education: Aligning policy, standards, and teacher education curriculum. *Journal of Teacher Education 64*(4), 356–372.

Earl, L. (2013). *Assessment as learning: Using classroom assessment to maximize student learning* (2nd ed.). Thousand Oaks, CA: Corwin Press.

Education Week Research Center. (2014). *District disruption and revival: School systems reshape to compete and improve.* Bethesda, MD: Editorial Projects in Education.

English, F.W. (2010). *Deciding what to teach and test: Developing, aligning, and auditing the curriculum* (3rd ed.). Thousand Oaks, CA: Corwin Press.

Embreston, S.E. (2007). Construct validity: A universal system or just another test evaluation procedure? *Educational Researcher 36*(8), 449–455.

Ferriter, W.M. (2009). Yes, I can: Responsible assessment in an era of accountability. In T.R. Guskey (Ed.), *The teacher as assessment leader* (pp. 54–86). Bloomington, IN: Solution Tree Press.

Fisher, D., Grant, M., Frey, N., & Johnson, C. (2007/2008). Taking formative assessment schoolwide. *Educational Leadership 65*(4), 64–68.

Gamoran, A., Porter, A.C., Smithson, J., & White, P.A. (1997). Upgrading high school mathematics instruction: Improving learning opportunities for low-achieving, middle income youth. *Educational Evaluation and Policy Analysis 19*(4), 325–338.

Goertz, M.E., Oláh, L.N., & Riggan, M. (2009, December). Can interim assessments be used for instructional change? *CPRE Policy Briefs* (RB-51). Philadelphia, PA: Consortium for Policy Research in Education.

Good, T.L., McCaslin, M., Tsang, H.Y., Zhang, J., Wiley, C.R.H., Bozack, A.R., et al. (2006). How well do 1st-year teachers teach: Does type of preparation make a difference? *Journal of Teacher Education 57*(4), 410–430.

Gorin, J.S. (2007). Reconsidering issues in validity theory. *Educational Researcher 36*(8), 456–462.

Grant, L.W., & Gareis, C.R. (2014). Formative assessment. In L. Meyer (Ed.), *Oxford bibliographies in education.* New York: Oxford University Press.

Gronlund, N.E., & Waugh, C.K. (2013). *Assessment of student achievement* (10th ed.). Boston: Pearson.

Guskey, T.R. (2003). How classroom assessments improve learning. *Educational Leadership 60*(5), 6–11.

Guskey, T. R. (Ed.). (2009). *The teacher as assessment leader.* Bloomington, IN: Solution Tree Press.

Guskey, T. R. (2011). Five obstacles to grading reform. *Educational Leadership 69*(3), 16–21.

Guskey, T. R., & Bailey, J. M. (2010). *Developing standards-based report cards.* Thousand Oaks, CA: Corwin.

Guskey, T. R., & Jung, L. A. (2013). *Answer to essential questions about standards, assessments, grading, & reporting.* Thousand Oaks, CA: Corwin.

Hattie, J. A. C. (2009). *Visible learning: A synthesis of over 800 meta-analyses relating to achievement.* New York: Routledge.

Hightower, A. M. (2012). *On policy, student achievement, states pressing to measure up.* Bethesda, MD: Editorial Projects in Education.

Hogan, T. P. (2007). *Educational assessment: A practical introduction.* Hoboken, NJ: Wiley Jossey-Bass.

Jackson, R. R. (2009). *Never work harder than your students and other principles of great teaching.* Alexandria, VA: Association for Supervision and Curriculum Development.

Johnson, M. (1965). *American secondary schools.* New York: Harcourt, Brace, & World.

Joint Committee on Standards for Educational Evaluation. (2003). *The student evaluation standards: How to improve evaluations of students.* Thousand Oaks, CA: Corwin Press.

Joyce, B., Weil, M., & Calhoun, E. (2015). *Models of teaching* (9th ed.). Boston: Pearson.

Kahl, S. R., Hofman, P., & Bryant, S. (2013). *Assessment literacy standards and performance measures for teacher candidates and practicing teachers.* Dover, NH: Measured Progress.

Kohn, A. (2000). *What to look for in a classroom . . . and other essays.* San Francisco, CA: Jossey-Bass.

Kozol, J. (2005). *The shame of a nation: The restoration of apartheid schooling in America.* New York: Crown.

Leahy, S., Lyon, C., Thompson, M., & Wiliam, D. (2005). Classroom assessment: Minute by minute, day by day. *Educational Leadership 63*(3), 18–24.

Lemov, D. (2010). *Teach like a champion: 49 techniques that put students on the path to college.* San Francisco, CA: Jossey-Bass.

Linn, R. L. (1997). Evaluating the validity of assessments: The consequences of use. *Educational Measurement: Issues and Practices 16*(2), 14–16.

Lissitz, R. W., & Samuelsen, K. (2007). A suggested change in terminology and emphasis regarding validity and education. *Educational Researcher 36*(8), 437–448.

Magnunson, P. (2000). High stakes cheating: Will the focus on accountability lead to more cheating? *Communicator.* Retrieved January 22, 2007, from http://www.naesp.org/ContentLoad.do?contentId=151&action=print.

Manna, P. (2006). *School's in: Federalism and the national education agenda.* Washington, DC: Georgetown University Press.

Marso, R.N., & Pigge, F.L. (1991). An analysis of teacher-made tests: Item types, cognitive demands, and item construction errors. *Contemporary Educational Psychology 16*, 279–286.

Marzano, R.J. (2003). *What works in schools.* Alexandria, VA: Association for Supervision and Curriculum Development.

Marzano, R.J. (2013). Cognitive verbs and the common core. *Educational Leadership 17*(1), 78–79.

Marzano, R.J., Pickering, D., & Pollock, J. (2001). *Classroom instruction that works.* Alexandria, VA: Association for Supervision and Curriculum Development.

Maxwell, L.A. (2014, May 14). Philadelphia educators charged in test-cheating scandal. *Education Week*, p. 4.

McGonigal, K. (2006, Spring). Getting more "teaching" out of "testing" and grading. *Speaking of Teaching, Center for Teaching and Learning 15*(2), 3.

McMillan, J.H. (Ed.). (2013). *SAGE handbook of research on classroom assessment.* Los Angeles, CA: SAGE.

Measured Progress/ETS Collaborative. (2012). *Smarter balanced assessment consortium: General item specifications.* Los Angeles: Author.

Mertler, C.A. (2000). Teacher-centered fallacies of classroom assessment validity and reliability. *Mid-Western Educational Researcher 13*(4), 29–36.

Messick, S. (1989). Validity. In R.L. Linn (Ed.), *Educational measurement* (3rd ed., pp. 13–103). New York: Macmillan.

MetLife. (2013). *The MetLife survey of the American teacher: Challenges for school leadership.* New York: Author.

Miller, M. (2009, August). *Achieving a wealth of riches: Delivering on the promise of data to transform teaching and learning* (Policy brief). Washington, DC: Alliance for Excellent Education.

Mislevy, R.J. (2007). Validity by design. *Educational Researcher 36*(8), 463–469.

Moss, P.A. (2007). Reconstructing validity. *Educational Researcher 36*(8), 470–476.

National Commission on Excellence in Education. (1983). *A nation at risk: The imperative for educational reform: A report to the nation and the secretary of education, United States Department of Education.* Washington, DC: Author.

National Governors Association Center for Best Practices & Council of Chief State School Officers. (2010). *Common core state standards.* Washington, DC: Authors.

Nichols, S. L., & Berliner, D.C. (2005). *The inevitable corruption of indicators and educators through high-stakes testing* (EPSL-0503–101-EPRU). Tempe, AZ: Education Policy Studies Laboratory.

Northwest Evaluation Association. (2014). *Make assessment matter: Students and educators want tests that support student learning.* Portland, OR: Author.

Notar, C.E., Zuelke, D.C., Wilson, J.D., & Yunker, B.D. (2004). The table of specifications: Insuring accountability in teacher made tests. *Journal of Instructional Psychology 31*(2), 115–129.

Office of the Press Secretary. (2009, November 4). *Fact sheet: The race to the top.* Washington, DC: The White House. Retrieved September 26, 2014, from http://www.whitehouse.gov/the-press-office/fact-sheet-race-top.

O'Leary, M. (2008). Towards an agenda for professional development in assessment. *Journal of In-Service Education 34*(1), 109–114.

Ory, J.C., & Ryan, S.E. (1993). *Tips for improving testing and grading.* Newbury Park, CA: Sage.

PARCC. (2014). *PARCC task prototypes and new sample items for math.* Retrieved October 3, 2014, from http://www.parcconline.org/samples/math.

Polikoff, M.S., Porter, A.C., & Smithson, J. (2011). How well aligned are state assessments of student achievement with state content standards? *American Educational Research Journal 48*(4), 965–995.

Popham, W.J. (2005). "Failing" schools or insensitive tests? *School Administrator 62*(3), 6.

Popham, W.J. (2008). *Transformative assessment.* Alexandria, VA: Association for Supervision and Curriculum Development.

Popham, W.J. (2009). Assessment literacy for teachers: Faddish or fundamental? *Theory into Practice 48*(1), 4–11.

Popham, W.J. (2013). *Evaluating America's teachers: Mission possible?* Thousand Oaks, CA: Corwin.

Popham, W.J. (2014). *Classroom assessment: What teachers need to know* (7th ed.). Boston: Pearson.

Porter, A.C. (2002). Measuring the content of instruction: Uses in research and practice. *Educational Researcher 31*(7), 3–14.

Schmidt, W.H., McKnight, C.C., Houang, R.T., Wang, H.C., Wiley, D.E., Cogan, L.S., & Wolfe, R.G. (2001). *Why schools matter: A cross-cultural comparison of curriculum and learning.* San Francisco, CA: Jossey-Bass.

Schmoker, M. (2006). *Results now: How we can achieve unprecedented results in teaching and learning.* Alexandria, VA: Association for Supervision and Curriculum Development.

Schmoker, M. (2011). *Focus: Elevating the essentials to radically improve student learning.* Alexandria, VA: Association for Supervision and Curriculum Development.

Shepard, L. A. (1997). The centrality of test use and consequences for test validity. *Educational Measurement: Issues and Practice 16*, 5–24.

Shepard, L. A. (2000). *The role of classroom assessment in teaching and learning.* Report published for the Center for Study of Evaluation (CSE Technical Report #517). Retrieved September 26, 2014, from https://www.cse.ucla.edu/products/reports/TECH517.pdf.

Shulman, L. S. (1986). Those who understand: Knowledge growth in teaching. *Educational Researcher 15*(2), 4–31.

Shute, V. (2008). Focus on formative feedback. *Review of Educational Research 78*(1), 153–189.

Sireci, S. G. (2007). On validity theory and test validation. *Educational Researcher 36*(8), 477–481.

Slavin, R. E., Cheung, A., Holmes, G. C., Madden, N. A., & Chamberlain, A. (2013). Effects of data-driven reform model on state assessment outcomes. *American Educational Research Journal 50*(2), 371–396.

Smarter Balanced Assessment Consortium. (n.d.). *Sample items and performance tasks.* Retrieved October 10, 2014, from http://www.smarterbalanced.org/sample-items-and-performance-tasks.

Stiggins, R. (2004). New assessment beliefs for a new school mission. *Phi Delta Kappan 86*(1), 22–27.

Stiggins, R. (2005, December). From formative assessment to assessment FOR learning: A path to success in standards-based schools. *Phi Delta Kappan 87*(4), 324–328.

Stiggins, R. (2006, November/December). Assessment for learning: A key to motivation and achievement. *Edge 2*(2), 14.

Stiggins, R., Arter, J., Chappuis, J., & Chappuis, S. (2006). *Classroom assessment for student learning: Doing it right—Using it well.* Upper Saddle River, NJ: Pearson.

Stiggins, R. J. (1999, November). Assessment, student confidence, and school success. *Phi Delta Kappan 81*(3), 191–198.

Stiggins, R. J., & Chappuis, J. (2012). *An introduction to student-involved assessment FOR learning* (6th ed.). Boston: Pearson.

Stiggins, R. J., & Conklin, N. F. (1992). *In teachers' hands: Investigating the practices of classroom assessment.* Albany: State University of New York Press.

Stronge, J. H. (2007). *Qualities of effective teachers* (2nd ed.). Alexandria, VA: Association for Supervision and Curriculum Development.

Suh, Y., & Grant, L.W. (in press). Analysis of the use of images as historical evidence and student performance in the NAEP U.S. history assessment. *History Teacher.*
Taylor, C.S., & Nolen, S.B. (2008). *Classroom assessment: Supporting teaching and learning in real classrooms* (2nd ed.). Upper Saddle River, NJ: Pearson.
Tierney, R.D. (2006). Changing practices: Influences on classroom assessment. *Assessment in Education: Principles, Policy & Practice 13*(3), 239–264.
Tucker, P.D., Stronge, J.H., Gareis, C.R., & Beers, C.S. (2003). The efficacy of portfolios for teacher evaluation and professional development: Do they make a difference? *Educational Administration Quarterly 39*(5), 572–602.
Wagner, T. (2008). *The global achievement gap.* New York: Basic Books.
Wainer, H., & Braun, H.I. (Eds.). (1988). *Test validity.* Hillsdale, NJ: Lawrence Erlbaum Associates.
Webb, N.L., Alt, M., Ely, R., & Vesperman, B. (2005). *Web alignment tool (WAT): Training manual 1.1.* Wisconsin Center of Education Research, University of Wisconsin. Retrieved July 18, 2014, from http://wat.wceruw.org.
Wenglinsky, H. (2000). *How teaching matters: Bringing the classroom back into discussions of teacher quality.* Princeton, NJ: Educational Testing Service.
Wiggins, G.P., & McTighe, J. (2005). *Understanding by design* (2nd ed.). Alexandria, VA: Association for Supervision and Curriculum Development.
Wiliam, D. (2007/2008). Changing classroom practice. *Educational Leadership 65*(4), 36–42.
Wilson, L.W. (2005). *What every teacher needs to know about assessment* (2nd ed.). Larchmont, NY: Eye on Education.
Winger, T. (2005). Grading to communicate. *Educational Leadership 63*(3), 61–65.
Young, A. (2009). *Using common assessments in uncommon courses.* In T.R. Guskey (Ed.), *The teacher as assessment leader* (pp. 134–153). Bloomington, IN: Solution Tree Press.
Zhang, Z., & Burry-Stock, J.A. (2003). Classroom assessment practices and teachers' self-perceived assessment skills. *Applied Measurement in Education 16*(4), 323–342.
Zubrycki, J. (2012, October 17). Cheating scandal lands ex-superintendent in prison. *Education Week,* p. 6.

书　　名　学习评估教师手册：课程、教学、学习整合策略研究
著　　者　[美] 克里斯托弗·R.加赖斯　莱斯莉·W.格兰特
主　　编　张晓涛
译　　者　荣　榕
责任编辑　丁　维
装帧设计　李广玹
出版发行　江苏凤凰教育出版社(南京市湖南路 1 号 A 楼　邮编 210009)
苏教网址　http://www.1088.com.cn
照　　排　南京紫藤制版印务中心
印　　刷　江苏凤凰新华印务有限公司(电话 025-68037410)
厂　　址　江苏南京市新港经济技术开发区尧新大道 399 号
开　　本　890mm×1240mm　1/32
印　　张　6.5
版　　次　2017 年 4 月第 1 版
　　　　　2017 年 4 月第 1 次印刷
书　　号　ISBN 978-7-5499-6372-0
定　　价　38.00 元
网店地址　http://jsfhjycbs.tmall.com
公 众 号　苏教服务(微信号:jsfhjyfw)
邮购电话　025-85406265，025-85400774，短信 02585420909
盗版举报　025-83658579

苏教版图书若有印装错误可向承印厂调换
提供盗版线索者给予重奖